Simone Neusüß

Bauernkriegsmuseum Nußdorf/Pfalz

Eine Führung durch das Museum
und den Historischen Ortsrundgang

Herausgegeben vom
Historischen Arbeitskreis Bauernkriegshaus Nußdorf/Pfalz e. V.

Simone Neusüß

Bauernkriegsmuseum Nußdorf/Pfalz

Eine Führung durch das Museum
und den Historischen Ortsrundgang

Bibliografische Information der Deutschen Nationalbibliothek: Die Deutsche Nationalbibliothek verzeichnet diese Publikation in der Deutschen Nationalbibliografie; detaillierte bibliografische Daten sind im Internet über dnb.dnb.de abrufbar.

©2020 Historischer Arbeitskreis Bauernkriegshaus Nußdorf/Pfalz e. V.

Herausgeber: Historischer Arbeitskreis Bauernkriegshaus Nußdorf/Pfalz e. V.
Redaktion: Simone Neusüß, Rolf Übel
Lektorat: Mihrican Özdem
Textsatz: Thorsten Rasch

Fotos und Grafiken: Historischer Arbeitskreis Bauernkriegshaus Nußdorf/Pfalz
Coverfoto: Axel Brachat

1. Auflage 2020

Herstellung und Verlag: BoD – Books on Demand, Norderstedt.

ISBN: 9-783750-441590

Inhaltsverzeichnis

Willkommen in Nußdorf

Herzlich Willkommen in der Weinbaugemeinde Nußdorf, einem Außendorf von Landau in der Pfalz!

Wir Nußdorfer feierten 1960 das 1.000-jährige Bestehen unseres Dorfes. Doch bereits 42 Jahre später, im Jahr 2002, konnten wir das 1.200-jährige Jubiläum unseres Ortes feiern. Ein Umstand, der dem Auffinden einer noch älteren Nennungsurkunde geschuldet war.

Funde aus der Römerzeit belegen indes, dass hier auch schon vor 1.800 Jahren gesiedelt wurde. Und Steinbeilklingen aus der Jungsteinzeit deuten darauf hin, dass das fruchtbare Siedlungsland am Westrand der Rheinebene bereits vor 7.000 Jahren Anklang fand.

Nun, Geschichte ist nichts Statisches oder Absolutes, sie verändert sich mit unserer Betrachtung. Wir blicken jedenfalls selbstbewusst auf eine bewegte Ortsgeschichte zurück. Obwohl das Dorf nur zwei Kilometer von der Reichs- und Festungsstadt Landau entfernt lag, bewahrte es über die Jahrhunderte seine Selbstständigkeit und die Bewohner ihren Ruf von Eigensinnigkeit.

Woran das liegen mag, erfahren Sie beim Besuch des Bauernkriegsmuseums und des Historischen Ortsrundgangs. Tauchen Sie ein in die bewegte Nußdorfer Geschichte rund um Bauernkrieg, Hexenverfolgung und Revolution.

Wir wünschen Ihnen eine spannende Zeitreise
und einen angenehmen Aufenthalt!

Historischer Arbeitskreis Bauernkriegshaus Nußdorf/Pfalz e. V.

Teil 1 – Museum im Bauernkriegshaus

Das Bauernkriegshaus

↪ Kirchstraße 66 (Ecke Kirchhohl), 76829 Landau-Nußdorf

Das Museum befindet sich im denkmalgeschützten Bauernkriegshaus gegenüber der Evangelischen Pfarrkirche. Es handelt sich um eine Hofanlage mit barockem Fachwerk-Doppelhaus. Das Gebäude ist im unteren Bereich massiv ausgeführt und trägt ein Krüppelwalmdach. Das heutige Fachwerkhaus ist dendrodatiert auf das Jahr 1671/72 (→Dendrochronologie).

Am Bauernkriegshaus ist eine alte Hausinschrift aus der Zeit um 1500 vermauert. Die als Fensterbank eingesetzte Haustafel stammte ursprünglich von einem Wohnhaus des Nußdorfer Gerichtsschöffen Hans Hol in der Walsheimer Straße. In Anspielung auf die Neider im Dorf hatte er einen Spruch einmeißeln lassen:

Hans Hol.
Lass die Leute gaffen, reden,
Ich bau zu meinem Wohl,
Weil nicht gefehlt das Geld.

Hans Hols Haus wurde vermutlich im Dreißigjährigen Krieg (1618–1648) zerstört, denn nach dem Krieg waren 33 von ursprünglich 60 Gebäuden im Dorf unbewohnbar. So gelangte seine Haustafel wohl als Baumaterial in das heutige Bauernkriegshaus, dessen Sockel den Krieg überstanden hatte. Um 1671 wurde es auf dem historischen Steinfundament wiederaufgebaut. Dies ist seine heute sichtbare Form.

Der Name »Bauernkriegshaus« entstammt dem Volksmund, der das Fachwerkhaus traditionell als Ausgangspunkt des Pfälzischen Bauernkrieges sieht. Tatsächlich könnte der Aufstand im Jahr 1525 hier im alten Ortskern unterhalb der Kirche ausgebrochen sein.

Bis 1976 wurde das Fachwerkhaus als landwirtschaftliches Anwesen genutzt und schließlich zum Verkauf, einschließlich Abriss, freigegeben. Noch rechtzeitig regte sich Widerstand. Die Protestantische Kirchengemeinde Nußdorf, unter dem damaligen Pfarrer Gerhard Postel, kaufte das Haus.

Finanziert werden Umbau und Erhaltung durch den »Bauverein Bauernkriegshaus und Kirche Nußdorf e. V.«, der dazu jährlich Ende August das Bauernhausfest veranstaltet. Zuständig für das Museum im Bauernkriegshaus ist der »Historische Arbeitskreis Bauernkriegshaus Nußdorf/Pfalz e. V.«.

Zunächst gelangt man durch ein Holztor in den Innenhof, in dem das alljährliche Bauernhausfest veranstaltet wird. In der Scheune (nicht öffentlich zugänglich) befinden sich heute eine Großküche für Dorffeste sowie zwei Räume mit Möbeln, Gebrauchsgegenständen und Kleidungsstücken aus alten Zeiten. Linker Hand liegt der Eingang zum Bauernhaus.

Im Erdgeschoss befindet sich die Gaststube bestehend aus zwei größeren Räumen und einer Küche. Dieser Bereich des Bauernkriegshauses dient als Treffpunkt der Nußdorfer Vereine sowie als Veranstaltungsraum. Im linken Gastraum hängen einige Exponate (Ausstellungsstücke), darunter der Inschriftenstein von Hans Hol (als Abguss) und das Nußdorfer →Servela-Rezept von Bernhard Wambsganß (in Abschrift).

Eine Holztreppe führt in den 1. Stock, in dem die Museumsräume untergebracht sind. Hier wird auch das Haus, das einen authentischen Rahmen für die Sammlung bildet, selbst zum Ausstellungsobjekt:
Ein freigelegtes →Gefach im Fachwerk gibt den Blick frei auf die eingefügten Holzlatten, das Weidengeflecht und den Lehm.
Im 2. Stock (nicht öffentlich zugänglich) befinden sich ein Raum für Jugendarbeit und eine vermietete Wohnung.

Die Museumsräume

Das Museum im Bauernkriegshaus ist in drei Bereiche gegliedert:

- die Pfarrer-Lehmann-Stube
- das Bauernkriegsmuseum
- und das Nußdorfer Dorfmuseum.

Pfarrer-Lehmann-Stube

Zunächst geht es nach links in eine Fachwerkstube, es ist die Pfarrer-Lehmann-Stube. Sie ist Nußdorfer Pfarrern, hauptsächlich aber Pfarrer Lehmann, gewidmet. In diesem Raum befinden sich mehrere Erst- und Neudrucke seiner Bücher, einige seiner Möbel sowie Verschiedenes aus seinem privaten Nachlass.

Johann Georg Lehmann (1797–1876). Johann Georg Lehmann war von 1846 bis 1876 Pfarrer in Nußdorf. Sein Grab befindet sich auf dem Nußdorfer Friedhof.

Johann Georg Lehmann war weniger an Seelsorge interessiert, er war vielmehr einer der bedeutendsten Pfälzer Historiker des 19. Jahrhunderts und wurde dafür auch mehrfach ausgezeichnet.

Lehmann verfasste zahlreiche Bücher, wie die »Urkundliche Geschichte der ehemaligen freien Reichsstadt und jetzigen Bundesfestung Landau in der Pfalz nebst derjenigen der drei Dörfer Dammheim, Nußdorf und Queichheim« im Jahr 1851, außerdem einen »Wegweiser durch die bayerische Pfalz« 1857 und eine »Urkundliche Geschichte der Burgen und Bergschlösser der bayerischen Pfalz« in fünf Bänden ab 1857. Letztere brachte ihm den Spitznamen »Burgen-Lehmann« ein.

Heinrich Bouquet (1912–2004). In der Stube wird ebenfalls an Pfarrer Heinrich Bouquet erinnert. Von 1956 bis 1976 betreute er die Nußdorfer Gemeinde.

Von der Wehrmacht zum Kriegsdienst eingezogen, befand sich Heinrich Bouquet von 1941 bis 1955 in russischer Kriegsgefangenschaft. Dort ließ er 1948 von einem Wachsoldaten einen Abendmahlkelch (dem Museum gestiftet von seinem Sohn Hans-Joachim Bouquet) aus einer Granate herstellen. Mit diesem Kelch predigte Heinrich Bouquet von 1948 bis 1955 und legte 11.000 km mit ihm zurück. Der Kelch wurde auch literarisch verarbeitet, und zwar in der Novelle »Ein Kelch aus Anderland«, dem letzten Buch von Pfarrer Dankwart-Paul Zeller (1924–2010).

Gerhard Postel (1941–2012).   Mit einer Tafel wird an Pfarrer Gerhard Postel erinnert. Von 1976 bis 1991 betreute er die Gemeinde Nußdorf.

Gerhard Postel wirkte mit beim Ankauf und der Renovierung des Bauernkriegshauses sowie bei der Gründung des Bauvereins und des Historischen Arbeitskreises. In Nußdorf entdeckte der historisch interessierte Gerhard Postel den römischen →Sarkophag-Deckel sowie den gotischen Taufstein, und er konzipierte das Museum mit. Daneben engagierte er sich besonders für den Umwelt- und Naturschutz als Teil von Gottes Schöpfung. Für sein Engagement wurde Postel mehrfach ausgezeichnet.

Bauernkriegsmuseum

Dem pfälzischen Bauernkrieg sind die drei ersten Räume rechts der Treppe gewidmet.

Raum 1 – Situation der Bauern im ausgehenden Mittelalter. Das Bauernkriegsmuseum zeigt im ersten Raum die Situation der Bauern im ausgehenden Mittelalter. Auf Informationstafeln wird die allgemeine Geschichte mit der Nußdorfer Geschichte verbunden.

Hier erfahren Sie mehr über das Lehenswesen, die Dreifelderwirtschaft und den bäuerlichen Alltag, der von Kargheit, Not und Armut geprägt war. Diese Not führte zu Protestbewegungen, die unter dem Symbol des →Bundschuhs am Oberrhein bereits ab 1443 ihren Ausdruck fanden.

Der Bundschuh war ein grauer Leinenschnürschuh mit langen Riemen, mit dem sich die Bauern bewusst von den adligen Rittern unterschieden, die Lederstiefel mit Reitersporen trugen.

Ob die Bundschuh-Flagge 1525 in Nußdorf tatsächlich geführt wurde – die Rede ist nur vom »buntschuhigen Geläuft« – lässt sich bislang nicht nachweisen.

Allgemein sind von Albrecht Dürer zeitgenössische Stiche der Bauern überliefert, von Johannes Boemus die Schrift »Über den Bauernstand« von 1520.

Raum 2 – Züge der Bauernhaufen. Im zweiten Raum erhalten Sie einen Überblick über die Züge der Bauernhaufen (→Haufen). Am Sonntag Quasimodogeniti des Jahres 1525, dem Kirchweihsonntag (23. April 1525), beschlossen die Nußdorfer Bauern, sich gegen die Fürsten zu erheben. Etwa 200 aufständische Bauern sollen damals losgezogen sein.

Nach heutiger Sicht kann es sich dabei nicht allein um Nußdorfer Bauern gehandelt haben, da das Dorf nicht sehr groß war und sich nicht alle Bewohner am Aufstand beteiligten. Es müssen auch auswärtige Kerwe-Besucher darunter gewesen sein. Vielleicht waren einige schon mit dem entsprechenden Vorsatz angereist und der Kerwe-Wein tat sein Übriges zur Haufenbildung.

Konkrete Personennamen im Dorf konnten bislang nicht ermittelt werden. Nicht überliefert ist, ob auch vereinzelt Frauen am Aufstand beteiligt waren.

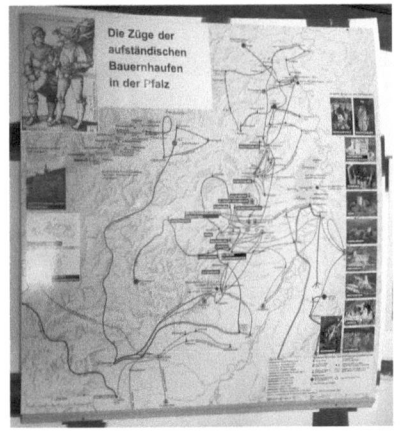

Auf einer Übersichtstafel können Sie den Weg des Nußdorfer Haufens verfolgen: vom Nußdorfer Beschluss über den Geilweilerhof (Siebeldingen) zum Kloster Eußerthal und die weiteren Stationen über Burgen und Klöster bis nach Pfeddersheim (Worms). Flankiert wird die Tafel von einer lebensgroßen Bauernkriegerfigur.

Der Chronist Peter Harer und der damalige Stadtschreiber von Landau beschreiben die Zusammenrottung des Nußdorfer Haufens von 200 Mann am 23. April 1525 und den anschließenden Marsch von Nußdorf zum Eußerthaler Klosterhof Geilweiler bei Siebeldingen.

Die Plünderung und Zerstörung des Klosters Eußerthal, bei der die Klosterurkunden verbrannten, geht aber vermutlich nicht zu Lasten des Nußdorfer Haufens, sondern des Lothringischen Kolbenhaufens.

Peter Harer sowie eine weitere Quelle beschreiben die Plünderung und Zerstörung der Burg Neuscharfeneck über Dernbach. Zur Strafe mussten die betreffenden Bauern nach ihrer Niederlage bis 1531 Frondienste beim Wiederaufbau der Burg leisten.

Um 1556 kam es übrigens erneut zum Streit zwischen dem Burgherren, dem Grafen von Löwenstein, und ca. 500 Bauern der Zweiten oder Mittel-Haingeraide (Genossenschaftswald). Diesmal wandten sich Bauern aus den Orten Gleisweiler, Burrweiler usw. wegen ihrer Holzrechte an das Reichskammergericht, das ihnen um 1586 ihre Waldrechte weitgehend bestätigte.

Anfang Mai 1525 rottete sich der Nußdorfer Haufen beim Geilweilerhof bei Siebeldingen erneut zusammen und ging auf Raubzüge. Am 6. Mai stand der Nußdorfer Haufen vor der Stadt Neustadt und wurde am 7. Mai kampflos eingelassen. Danach ist er nicht mehr greifbar, weil die Rotten zu immer größeren Einheiten verschmolzen. Am 4. Juni standen ca. 8.000 Bauern vor Neustadt.

Die Forderungen der Pfälzer Bauern im Vertrag von Forst vom 10. Mai lauteten:

1. Pfarrer werden von der Gemeinde und dem Fürsten gewählt und predigen nur das Evangelium
2. Abschaffung des Großen Zehnten (Steuer)
3. Abschaffung der Leibeigenschaft und des Besthauptes und Beststückes (Erbschaftssteuer: bestes Stück Vieh, bester Rock)
4. Freie Jagd in den Wäldern (auf Niederwild wie Hasen und Rehe)
5. Wiederherstellung der dörflichen →Allmende (Gemeinschaftsviehweide)
6. Erlaubnis der Rauweide und Schmalzweide (Viehmast und Brennholzsammeln im Wald)
7. Minderung der Frondienste

Die Forderungen waren eine Adaption an die bekannten →Zwölf Artikel von Memmingen vom März 1525, die heute als erste fassbare Deklaration von Menschen- und Freiheitsrechten in Europa und erste verfassungsgebende Versammlungen in deutschen Ländern gelten.

In einigen Städten der Region, wie Annweiler, Bergzabern und Weißenburg (Wissembourg), beteiligten sich auch Bürger am Aufstand der Bauern. Allgemein erfasste der Deutsche Bauernkrieg auch Bürger und Bergleute.

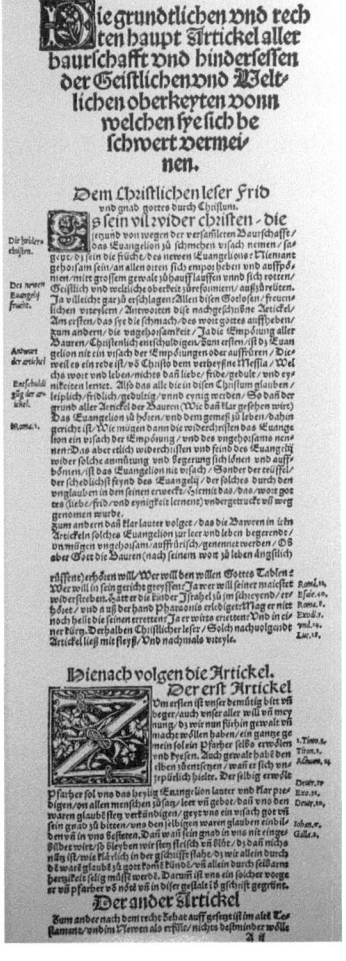

Die Reformation bildete eine Grundlage für die Forderungen der Aufständischen. Martin Luther sah diese Forderungen der Bauern zunächst auch als teilweise berechtigt an, er selbst strebte aber eine Reformation der Kirche und nicht der weltlichen Ordnung an.

Nach der Weinsberger Bluttat (der Tötung des Grafen Ludwig von Helfenstein und seiner Begleiter vor Weinsberg bei Heilbronn) im April 1525 zeigte Luther keine Sympathien mehr für die Not der Bauern, sondern rief die Fürsten zur Härte gegen die Aufständischen auf.

Kurfürst Ludwig V. von der Pfalz sah sich im Mai 1525 durch den Reformator Philipp Melanchthon (Zitat: »Für solch ein ungezogenes, mutwilliges und blutgieriges Volk nennt Gott das Schwert.«) ebenfalls darin bestätigt, gegen die Bauern ins Feld zu ziehen.

Raum 3 – Schlacht von Pfeddersheim.   Im dritten Raum sehen Sie die Schlacht von Pfeddersheim bei Worms, nachgestellt mit 1.200 Zinnfiguren (einer Leihgabe von Bernd Ruckdeschel).

Daneben steht eine lebensgroße Landsknecht-Figur mit →Kuhmaulschuhen sowie der Replik eines →Katzbalgers.

Kuhmaulschuhe waren flache, breite Unisex-Schuhe, die nicht zwischen linkem und rechtem Fuß unterschieden. Durch Schlitze auf ihrer Oberseite leuchteten modisch die bunten Strümpfe hervor.

Der Katzbalger war ein Landsknechtsschwert, ein Kurzschwert des 16. Jahrhunderts. Das damalige Nahkampfgewühl mag an die wilde Balgerei von Katzen erinnert haben.

Am 23. und 24. Juni 1525 wurden die Bauern vor den Stadtmauern von Pfeddersheim vernichtend geschlagen. Das Zinnfiguren-Diorama (Schaukasten) zeigt die entscheidende Phase der Schlacht.

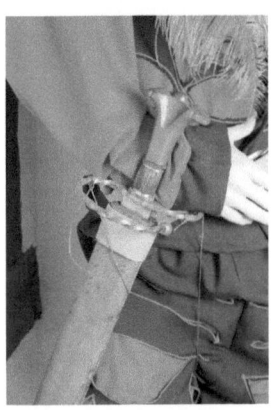

Aufseiten von Kurfürst Ludwig V. standen 1.300 Reiter der Kurpfalz, 200 aus Köln und 300 aus Mainz. Dazu kamen 4.500 Mann zu Fuß und ein Fähnlein Knechte aus Heidelberg. Das Kurpfälzische Heer zählte somit um die 6.500 Mann nebst Geschützen und Kriegsgerät.

Die ca. 8.000 Bauern in Pfeddersheim waren schlecht ausgerüstet, hatten nur die Stadtgeschütze und waren nicht im Waffenhandwerk ausgebildet.

Die Schlacht der beiden ungleichen Heere am 23. Juni 1525 wird in vier Phasen eingeteilt:

- In Phase 1 wurde das kurpfälzische Heer bei Pfeddersheim taktisch klug aufgestellt. Die Geschütze begannen mit dem Beschuss der Stadt, die das Feuer erwiderte.

- In Phase 2 ging nach Ende des Beschusses die Reiterei unbemerkt um die Stadt herum in Stellung.

- In Phase 3 wurde Pfeddersheim vom Heer komplett eingeschlossen und ein Lager angelegt. Der Kurfürst richtete sich auf eine Belagerung ein.

- In Phase 4 verließen ca. 7.000 Bauern die Stadt und griffen, in Unkenntnis der gegnerischen Heeresstärke, die Fußtruppen an, denen sie sich überlegen sahen. Weitere Truppen und die Reiterei konnten ihnen dadurch in den Rücken fallen. Die Ordnung im Bauernheer brach zusammen und die Bauern versuchten, sich in die Stadt zurückzuziehen. Die zeitgenössischen Quellen künden von 4.000 gefallenen Bauern.

Die heutige Forschung geht von nied-
rigeren Gefallenenzahlen aus, da die
Bauern als Landbesteller und Abga-
benleister einen gewissen Wert für die
Grundherren darstellten.

Am 24. Juni 1525 wurde Pfeddersheim
wiederum beschossen, worauf sich die
restlichen Bauern auf Gnade und Ungnade ergaben. Bei einem Fluchtver-
such sollen 800 Bauern erschlagen worden sein, 46 Bauern wurden beim
anschließenden Strafgericht enthauptet.

Kurfürst Ludwig V. ließ auch andernorts die An-
führer der Bauern und der Bürger hinrichten sowie
die Stadt Weißenburg (Wissembourg) belagern.
Neustadt und Pfeddersheim verloren zur Strafe ihre Stadtrechte.

Der Stadtrat in Landau hingegen wurde vom Kurfürsten für sein beson-
nenes Verhalten gelobt. Das Landauer Stadtgericht verzichtete auch auf
Hinrichtungen und begnügte sich mit Stadtverweisen für die am Aufstand
Beteiligten.

Landau zahlte für die Zerstörungen Schadensersatz, an denen Landauer
beteiligt waren, jedoch nicht für das Kloster Eußerthal und die Burg Neuscharfeneck. Hier waren also offenbar keine Landauer Bürger oder Nußdorfer Bauern an der Zerstörung beteiligt gewesen.

Der Deutsche Bauernkrieg (1524–1526)

Das Nußdorfer Bauernkriegsmuseum ist Mitglied der »Arbeitsgemeinschaft der deutschen Bauernkriegsmuseen«, zu der zehn Standorte in fünf Bundesländern gehören:

- Allstedt und Stolberg (Harz) in Sachsen-Anhalt
- Bad Frankenhausen und Mühlhausen in Thüringen
- Baltringen, Beutelsbach, Böblingen und Hilzingen in Baden-Württemberg
- Leipheim in Bayern
- Nußdorf (Landau) in Rheinland-Pfalz

Im Jubiläumsjahr 2025 wird in den einzelnen Museen im Rahmen von Veranstaltungen und einer gemeinsamen Wanderausstellung an die Ereignisse von 1525 erinnert.

Dorfmuseum

Die anschließenden Räume sind der Ortsgeschichte gewidmet. Das Nuß-
dorfer Dorfmuseum zeigt Ihnen Urkunden, Münzen, Bilder, Figuren,
Schriftstücke und Gegenstände, die wesentliche Punkte der Nußdorfer
Geschichte bezeugen, wie

- den Römischen →Viergötterstein mit Jupiter, Juno, Minerva und
  Herkules (Fotografie, das Original befindet sich in der Nordostecke
  der Pfarrkirche)

- die Dokumente zum Nußdorfer Hexenprozess von 1584/85 (Kopie)

- die Belege, dass Nußdorf der erste Pfälzer Ort war, der am 30. Januar 1790 einen →Maîre (Bürgermeister) und einen Notabelnrat (Gemeinderat) nach französischem Vorbild wählte

- die →Seccomalerei aus dem 15. Jahrhundert (Fotografien, die Origi-
  nale finden Sie im Chor der Nußdorfer Pfarrkirche)

- die →Deichel (ein der Länge nach durchbohrter Baumstamm) der
  Nußdorfer Festungswasserleitung aus dem 18. Jahrhundert (Origi-
  nalfundstück).

 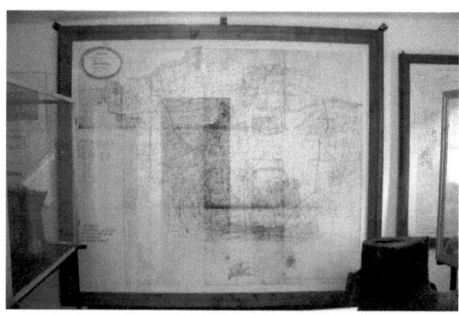 

Dorfgeschichte im Überblick

Anhand von Vergleichen, Befunden, Funden und Urkunden lässt sich die Ortsgeschichte in weiten Teilen rekonstruieren.

Neolithikum

Um 5000 v. Chr.: Steinbeilklinge und Steinaxtklinge aus Basalt sowie Klingen der Bandkeramischen Kultur.

Typische Werkzeuge der Jungsteinzeit. Die Beispiele aus der Umgebung von Nußdorf deuten auf eine dauerhafte Besiedlung mit Langhäusern in dieser Epoche hin, wie sie bereits für Landau und drei weitere Landauer Stadtteile nachgewiesen ist.

Römische Zeit

Um 300 n. Chr.: Vermutete römische →Villa Rustica (Gutshof) in Nußdorf; Weinanbau um Nußdorf.

Die römischen Münzen, die auf Nußdorfer Gemarkung gefunden wurden, datieren aus der Zeit 117 bis

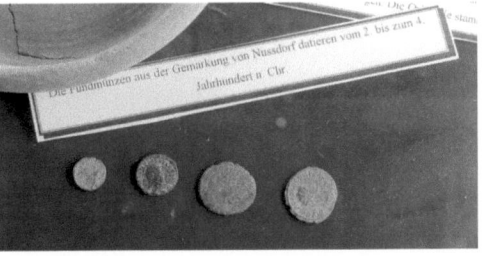

353 n. Chr. Der römische Viergötterstein datiert um 300 und wurde 1822 am Kirchturm gefunden. Die römische Sarkophag-Abdeckung wurde 1990 vor der Kirche entdeckt.

Eine Villa Rustica, wie sie auch in der Region in Edesheim, Ungstein und Wachenheim stand, wird daher in Nußdorf vermutet, konnte aber bislang nicht nachgewiesen werden. Vielleicht befand sie sich an der Stelle der heutigen Kirche.

Am Oberrhein sind neben kultivierten auch wilde Weinreben heimisch. Der Beginn des gezielten Weinanbaus wird in römischer Zeit vermutet.

Völkerwanderung

353 n. Chr.: →Alamannen fielen in die römische Provinz Germania Superior (Obergermanien, Civitas Nemetum) ein und zerstörten die römischen Gutshöfe der Region. Die Römer zogen sich daraufhin zeitweise zurück.

450–650 n. Chr.: Fränkische Landnahme. Um 500 verdrängten die →Franken die Alamannen. Die fränkischen Krieger kämpften mit der Frankia (Wurfbeil), der Spatha (zweischneidiges Langschwert) und der Sax (kurzes Hiebschwert).

In den Ortsnamen der Region zeigen sich noch die einzelnen Besiedlungswellen: Altrip (Alta Ripa) und Zabern (Taberna; siehe in Bergzabern, Rheinzabern und Saverne) sind römische Ortsnamen.

Essingen (Dorf des Osso), Fischlingen, Böchingen usw. gelten als alamannische Ortsbezeichnungen. Arzheim (Heim des Arbot), Wollmesheim (Heim des Wolamunt), Bornheim usw. sind fränkische Ortsnamen.

Mittelalter

650–750: Fränkischer Landausbau; Entstehung des Ortsnamens »Nußdorf«. Typisch sind nun fränkische Ortsnamen auf -dorf, -feld, -hofen und -weiler. Daher dürfte Nußdorf in dieser Phase entstanden sein. Benannt wurde es nach den zahlreichen Walnussbäumen, die hier im Mittelalter standen und vermutlich von den Römern gepflanzt worden waren.

802: Erste schriftliche Erwähnung Nußdorfs als »Nuzdorpf« im Rechtsbuch des Klosters Fulda (Codex Diplomaticus Fuldensis). Nußdorf war zur Zeit Karls des Großen vermutlich ein kleiner Weiler, bestehend aus wenigen Hütten, umgeben von Nussbäumen, die Walnüsse, Nussöl und Nussbaumholz lieferten und einige Insektenarten fernhielten. Die Franken herrschten über das Gebiet, in dem Nußdorf lag (der Speyergau in Austrasien, östliches Frankenreich).
Ein Adliger namens Akbudo schenkte die Nußdorfer dem Fuldaer Kloster, um seine Sünden zu verringern. Auch der Wein wird in dieser Schenkungsurkunde erwähnt, die die Grundlage zum 1.200-jährigen Ortsjubiläum im Jahr 2002 bildete.

957: Wiederum Erwähnung Nußdorfs in einer Schenkungsurkunde: Ein Adliger schenkte dem Bistum Speyer Land. 960 bestätigte der sächsische Kaiser Otto I. die Schenkung. (Deshalb wurde 1960 irrtümlich das 1.000-jährige Bestehen Nußdorfs gefeiert.)

1056 erhielt der Speyrer Dom eine Schenkung (sog. Seelenstiftung) vom Salierkaiser Heinrich III., die sein Sohn Heinrich IV. im Jahr 1101 bestätigte. Die grundhörigen Bauern wurden damals mit dem Besitz zusammen verschenkt.

1164–1347: Nachweis eines Nußdorfer Adelsgeschlechts, der Ritter von Nußdorf. Es handelte sich um ein Niederadelsgeschlecht, ein zugehöriger Adelssitz konnte bislang nicht nachgewiesen werden. Ein einzelner verzierter Stein, der früher in der Kirchstraße vermauert war, deutet auf die ehemalige Existenz einer Niederungsburg hin.

13. Jh.: Nußdorfer erhielten das Nutzungsrecht an der Oberen Haingeraide mit Reichsunmittelbarkeit. Bei der →Haingeraide handelte es sich um eine Waldgenossenschaft mit Reichsunmittelbarkeit oder Reichsfreiheit. Das bedeutet, den Bauern war das Nutzungsrecht am Wald direkt vom Kaiser verliehen worden und sie unterstanden in dieser Hinsicht auch unmittelbar dem Kaiser. Die Waldnutzung führte manchmal zu Streitigkeiten mit den umliegenden Burgherren, die den Wald auf eigene Faust nutzen wollten. Die Bauern konnten sich in diesem Fall direkt an das Reichskammergericht wenden.

1253 und 1279: Frizo oder Fridericus wird als Nußdorfer →Schultheiß namentlich erwähnt. Der Schultheiß war Gemeindevorsteher, Gerichtsherr und Notar. Ihm standen die Schöffen zur Seite. Auch die Ausmarkung der Gemeindegrenze u. a. waren Aufgaben des Schultheißen.

1260: Gründung von Landau als ein Zentrum der leiningischen Herrschaft Landeck. 1274 erhielt Landau die Stadtrechte.

1289: Erste Erwähnung der Nußdorfer Kirche (heute Kulturdenkmal), vermutlich gab es einen Vorgängerbau aus Römischer Zeit (siehe oben).

14. Jh.: Nußdorfer Gerichtssiegel (der Nussbaumzweig).

1398: Grabplatte der Kunigunde, Ehefrau des Heinrich Meysche. Das Grab befand sich ursprünglich im Chordurchgang der Kirche, was darauf hindeutet, dass Kunigunde dem Niederadel angehörte. 1911 fand man bei der Kirchenrenovierung weitere Grabplattenstücke, die leider nicht untersucht wurden.

1963 fanden sich beim Einbau der Kirchenheizung fünf Skelette, die ebenfalls ohne Untersuchung abgeräumt wurden. Die Kirche wurde vermutlich vom Mittelalter (Romanischer Vorgängerbau) bis ins 17. Jh. als Grablege genutzt.

Im 15. Jh. wurde der Pleban (Priester) Johannes Zimmermann im Chor bestattet, ein Teil seiner Grabplatte hat sich erhalten. Die einfachen Leute wurden dagegen im Kirchhof vor der Kirche bestattet, wo bis um 1750 auch noch ein Ossuarium (Beinhaus) stand.

1417 gehörte Nußdorf zur Herrschaft Madenburg (Name evtl. von Parthenopolis, dt. »Jungfrauenstadt«) bei Eschbach. Möglicherweise wurde das Dorf bereits 1056 von Heinrich III. an die Madenburg verschenkt (siehe oben).

15. Jh.: Chorfresken (Seccomalerei) der Nußdorfer Kirche und das Nußdorfer Wappen; Familiennamen im Ort. In Landau und seinen Stadtdörfern Dammheim, Nußdorf und Queichheim lassen sich Familiennamen wie Frankenstein, Günther, Heupel, Pfaffen oder Pfaffmann und Wambsganß nachweisen.

Frühe Neuzeit

Um 1500: Errichtung des ursprünglichen Bauernkriegshauses in Nußdorf.

1502: Barbara von Blumeneck, Meisterin des Reuerinnenklosters St. Johann bei Albersweiler, gab das Nußdorfer Jungfrauengut an Jakob Laux und seine Ehefrau in Pacht. Das Klostergut bestand aus einem Hof und 95 Morgen (knapp 24 ha) Land.

1523 gelangte der Klosterbesitz an die Grafen von Löwenstein-Scharfeneck. 1534 erhielt Jakob Laux erneut das Gut, nun Löwensteiner Hofgut genannt, in Pacht. Dieser Adelshof war einer der größten im Dorf. 1795 wurde er an Bürgerliche versteigert.

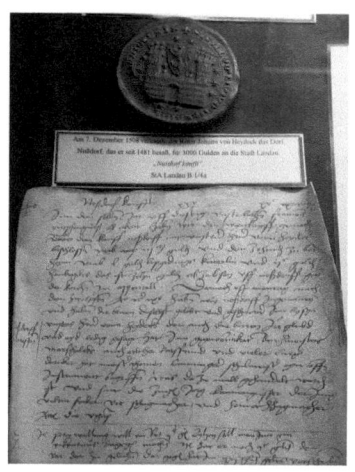

1508: Verkauf des Dorfes Nußdorf durch Johann von Heydeck (vormals Herrschaft Madenburg) an die Reichsstadt Landau für 3.000 Gulden. Nußdorf war daraufhin bis 1790 an Landau gebunden. Die Nußdorfer zeigten angeblich ihren Unmut über den Verkauf ihres Dorfes durch das Darbieten ihres nackten Hinterteils, was als der »Nußdorfer Gruß« in die Pfalzgeschichte einging. (Das inoffizielle Wappen des Landauer Stadtteils Arzheim zeigt noch den sog. Nußdorfer Gruß.)

Es galt der Grundsatz »Kauf bricht keine Verträge«. Die Nußdorfer Leibeigenen waren trotz des Verkaufs weiterhin ihren diversen Herren verpflichtet und unterstanden teils der Kurpfalz, teils Leiningen oder Pfalz-Zweibrücken, was wiederum daraus resultierte, dass auch die Madenburg damals diverse Besitzer hatte.

1517: Plünderungen in Nußdorf durch Franz von Sickingen.

1521: Landau wurde Mitglied der →Dekapolis (Elsässischer Zehnstädtebund).

1522: Ritterversammlung in Landau; Beginn des Pfälzer Ritterkrieges unter Franz von Sickingen und Ulrich von Hutten. Etwa 600 Ritter versammelten sich in Landau.

1524: Beginn der Reformation in Landau. Der Reformator Johannes Bader fand günstige Bedingungen vor. Landau orientierte sich an der Reichsstadt Straßburg (Strasbourg) und blieb auch später während der Gegenreformation und unter französischer Herrschaft protestantisch.

1525: Bauernaufstand in Nußdorf, Beginn des Pfälzischen Bauernkrieges.

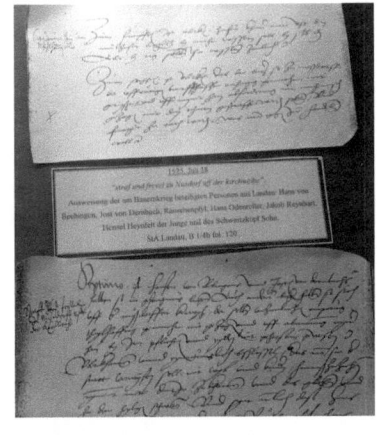

1546–1554: Reformation in Nußdorf.

1575: Caspar Pfaff war Leibeigener der Stadt Landau.

Neben Landau hatten auch die Städte Speyer und Weißenburg (Wissembourg) Einfluss in Nußdorf; außerdem das Hochstift Speyer; die Klöster Heilsbruck, Eußerthal und St. Johann; die Dalberger, Scharfenecker und Sickinger; die Kurpfalz, Pfalz-Zweibrücken und Leiningen-Hardenburg-Dagsburg.

1580–1659: Hexenprozesse in der Reichsstadt Landau.

1584–1588: Nußdorfer Hexenverfolgungen.

1584: Beginn der Nußdorfer Hexenverfolgungen mit dem ersten Opfer Barbara Wambsganß.

1585: Hexenprozess gegen Dorothea Mades u. a. Zehn Nußdorfer und Nußdorferinnen endeten auf dem Scheiterhaufen, der auf dem Landauer Galgenplatz südlich der Stadt brannte.

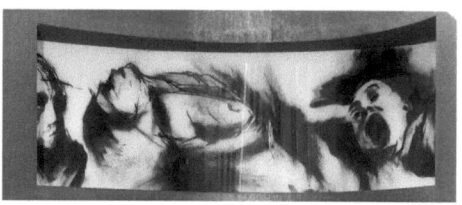

1618–1648: Dreißigjähriger Krieg. Die Kurpfalz stand auf protestantischer Seite (Protestantische Union), das Bistum Speyer dagegen auf katholischer (Katholische Liga). Die Reichsstädte Landau, Weißenburg (Wissembourg) und Speyer blieben zunächst neutral. Der Dreißigjährige Krieg führte zu wechselnden, Konfessionen übergreifenden Allianzen und wird in einzelne Abschnitte eingeteilt:

- 1618–1623: Böhmisch-Pfälzischer Krieg
- 1625–1629: Dänisch-Niedersächsischer Krieg
- 1630–1635: Schwedischer Krieg
- 1635–1648: Schwedisch-Französischer Krieg

Besonders im letzten Kriegsabschnitt plünderten die Heere die Bauerndörfer ungeregelt für ihren Unterhalt. Außerdem wurden nun Bauern gewaltsam entführt, um die Truppen aufzufüllen.

»Bauer und Soldat sind einander die größten Feind und schlagen einander tot, wo sie sich treffen«, lautete ein zeitgenössisches Zitat.

Kupferstiche von Hans Ulrich Franck zeigten die damalige Gewalt auf Leben und Tod zwischen den Bauern und den Söldnern. Die Region Pfalz verlor im Krieg ca. 80% ihrer Bewohner. Die Stadt Landau wechselte bis 1648 achtmal den Besitzer.

Nußdorf im Dreißigjährigen Krieg

Einige Nußdorfer mussten 1620 zur Verstärkung der Landauer Befestigung Frondienst leisten. Dann wurden die Nußdorfer gemustert und bewaffnet. Sie mussten am nördlichen Stadttor (Untertor / Mühlhausener Pforte) Wache halten. 1621 ließ sich der Nußdorfer Hans Heupel für den Kriegsdienst anwerben. 1622 wurden Landau und Nußdorf von den kaiserlichen Truppen besetzt. 1627 lagerte Kavallerie vom Balkan auf der Dorfallmende (Gemeinschaftsweide). Landau hielt das Untertor geschlossen und die Nußdorfer wurden aufgefordert, ihre Frauen und Kinder nicht aus den Augen zu lassen. Ihre Bewaffnung wurde verstärkt. 1629 wurde das Quartiergeld (Zahlung, um eine Einquartierung abzuwenden) der Nußdorfer erhöht. Ab 1635 erhöhte sich das Quartiergeld dramatisch.

Die Weinberge und Felder wurden von Söldnern verwüstet. 1636 wurden Nußdorfer als Zwangsarbeiter für die Anlage von Schanzen rekrutiert. 1640 gab es keine bestellten Weinberge und Felder mehr. Quartiergeld und Einquartierungen ruinierten die Bauern.

1648 schließlich hatte Nußdorf noch etwa 30 Einwohner (von ursprünglich ca. 330). Offenbar waren viele geflohen. Von den bekannten 73 Vorkriegsfamilien fanden sich 33 auf einer Liste aus dem Jahr 1660 wieder. Demnach hatten insgesamt ca. 150 Einwohner den Krieg überlebt und kehrten später ins Dorf zurück.

Damit verlor Nußdorf im Dreißigjährigen Krieg mehr als die Hälfte seiner Einwohner, womit es noch vergleichsweise glimpflich davonkam. (Manche Dörfer der Pfalz wurden komplett entvölkert.)

1666/67: Pestepidemie. Im Juli des Jahres 1666 erreichte die Pest Landau, im Oktober Nußdorf. Landau erließ im Juli eine Pestverordnung, die ein Jahr lang in Kraft war. Die Stadt schottete sich gegen das Umland ab. Am 26. Oktober 1666 starb die 23-jährige Frau von Georg Leonhard Laux in Nußdorf. Das Haus der Familie wurde abgesperrt und mit einem weißen Kreuz gekennzeichnet. Am 27. Oktober starb die kleine Tochter Maria Magdalena und am 1. November Georg Leonhard Laux selbst. Am 4. November starben die beiden Brüder Thomas und Valentin Württemberger im Alter von 11 und 14 Jahren, danach ihre Großmutter, ihre Geschwister und ihre Eltern. Bis

März 1667 starben 50 von ursprünglich ca. 450 Einwohnern. Abzüglich sonstiger Todesfälle fielen etwa 10% der Dorfbewohner der Pest zum Opfer.

1671/72: Wiederaufbau des im Krieg zerstörten Bauernkriegshauses in Nußdorf.

1688: Baubeginn der Polygonalfestung Landau nach den Plänen von Sébastien Le Prestre de →Vauban (1633–1707).

1688 bis 1691 wurde diese östlichste Vauban-Festung unter Leitung von Jacques Tarade und Jean Villards sowie unter militärischer Sicherung durch General Montclar erbaut, mit ca. 14.000 Bauarbeitern aus der Umgebung.

Im Pfälzischen Erbfolgekrieg (1688–1697) wurde die nicht-französische Pfalz unter General Melac verwüstet.

1700 bis 1702 wurde das Fort (Kronwerk) unter dem Baumeister Jacques Tarade auf dem Kaffenberg im Nordwesten der Stadt errichtet (heute Campus der Universität Landau). Da Nußdorf, strategisch günstig, noch höher liegt, wurde es in die folgenden Konflikte hineingezogen.

18. Jh.: Mehrfache Plünderungen von Nußdorf. Im Museum sehen Sie Kanonenkugeln, die südlich von Nußdorf gefunden wurden.

1702: Beginn des Spanischen Erbfolgekriegs. Beschießung der Festung Landau von Nußdorf aus. Nußdorf war zehn Wochen lang Militärgebiet. 40.000 Mann wurden vor der Landauer Festung stationiert. Soldaten wurden einquartiert, Weinberge ausgehauen, Lager, Gräben und Wälle gebaut. Nußdorfer mussten Schanzen anlegen, Befestigungen bauen, Kanonenkugeln transportieren und Wasser und Verpflegung fahren.

Von April bis September 1702 Angriff der deutschen Reichstruppen auf das Fort (Kronwerk). Nußdorf wurde mit Kanonen, Pferden und 1.500 Soldaten (zwei Kurpfälzer Bataillone) belegt. Es folgten Belagerung und Beschießung bis zur Kapitulation von General Ézeciel de Melac. Die Franzosen hatten aus strategischen Gründen ebenfalls die Weinberge nördlich des Forts von Landauer Bürgern bis zur Nußdorfer Allmende und bis zum →»Ochsenloch« (Nußdorfer Gemarkung) aushauen lassen.

1703, 1704 und 1713 wurde die Festung wiederum belagert. Jedes Mal wurden Soldaten in Nußdorf stationiert, die verpflegt werden mussten.

1714: Frieden von Rastatt. Landau (und somit Nußdorf) blieb Französisch.

Moderne

1789: Französische Revolution. Bereits 1788 kam es im Dorf zu kleineren Auflehnungen gegen den Frondienst. 1789 schickten die Nußdorfer ein »Heft der Wünsche und Beschwerden« an den französischen König, in dem sie auf Missstände im Dorf aufmerksam machten.

 Im Januar 1790 fand die Wahl von Maîre (Bürgermeister) Jakob Wambsganß nach französischem Vorbild statt. 1792 wurde Nußdorf eigenständig. 1793 wurde die Festung Landau erneut belagert und beschossen. 30.000 Geschosse wurden auf die Stadt abgefeuert, Batterien standen südlich von Nußdorf. Acht noch erhaltene Hausinschriften stammen aus den Revolutionsjahren 1798 bis 1804.

1814: Leipziger Völkerschlacht. Nach der Schlacht lagen russische, preußische und österreichische Truppen vor Landau. Der russische General Sokolowski übernahm den Befehl über Nußdorf. Die Einwohner mussten vier Monate lang russische Kavallerie (Kalmücken) und Infanterie (500 Mann) sowie Dragoner (50 Mann) versorgen, und zwar mit Betten, Feuer, Licht, Dampf- und Badstuben, Freudenmädchen, Brot, Fleisch, Wein und Branntwein. Insgesamt beliefen sich die Kosten für Nußdorf auf 30.174 Gulden.

1815: Herrschaft der Hundert Tage. 1815 kehrte Napoleon von Elba zurück und errichtete sein Kaiserreich erneut. Die Landauer Festung ging wieder zum Französischen Kaiserreich über. Nach der Schlacht von Waterloo wurde sie von preußischen Truppen eingeschlossen. Einige hundert preußische Soldaten wurden in Nußdorf einquartiert. Für das Militär 1814 und 1815 mussten die Nußdorfer insgesamt 73.000 Gulden aufbringen.

1814–1815: Wiener Kongress. Auf dem Kongress wurde beschlossen, dass die Pfalz bayrisch wird. Nußdorf blieb selbständige Gemeinde.

1818: Pfälzische Kirchenunion. Nußdorf ging bereits vorher eine Lokalunion mit dem Nachbardorf Dammheim ein. Gegen die pfalzweite Union (Gemeinschaft zwischen Lutheranern und Reformierten) gab es dann Proteste im Dorf, es folgte ein langjähriger Unionsstreit.

1826: Umwandlung der genossenschaftlichen Haingeraide in Gemeindewald.

1832: Hambacher Fest bei Neustadt. Nußdorfer errichteten einen Freiheitsbaum.

1844: Offizielle Genehmigung des Nußdorfer Wappens (der goldene Nussbaumzweig auf grünem Grund).

1846: Pfalzhistoriker Johann Georg Lehmann wurde Pfarrer in Nußdorf. Im Ort wird mehrfach an ihn erinnert.

1848–1849: Deutsche Revolution.

1848: Frankfurter Nationalversammlung.

Metzger Bernhard Wambsganß brachte 1848 das Rezept für die Servela-Wurst nach Nußdorf. Das Rezept (in Abschrift) hängt in der Gaststube des Bauernkriegshauses. Ihr Name stammt ursprünglich von franz. Cervelles / ital. Cervello (Hirn).

1849 Pfälzer Aufstand; Nußdorf wurde von der Festung Landau aus beschossen. Am 10. Juni 1849 wurden über 100 Kanonenkugeln vom Landauer Fort auf Nußdorf abgeschossen. Dort hatten sich Freischaren einquartiert und die Festungswasserleitung sabotiert. Doch es war ein nebliger Tag und die schwersten Geschütze wurden gar nicht eingesetzt. Keine Kugel traf das Dorf. Vielleicht bestand keine Zerstörungsabsicht, vielleicht wurde aber auch die Flugbahn falsch berechnet. Die Freischaren zogen sich jedenfalls von der Wasserleitung zurück und die Nußdorfer fanden die Kanonenkugeln später in den Weinbergen.

Der damalige Festungskommandant war Generalmajor von Jeetze. Die revolutionären Truppen wurden von Oberst Blenker angeführt, der von seiner Frau, Madame Blenker, begleitet wurde. Oberst Blenker kämpfte später im Amerikanischen Bürgerkrieg auf der Seite der Union.

Der junge Unterleutnant Graf Theodor von Fugger-Glött, der sich den Freischaren angeschlossen hatte, wurde 1850 als Landesverräter im Festungsgraben (heute Lage Pestalozzischule) erschossen.

In Nußdorf wurde der Lehrer Göring 1849 von desertierten Soldaten erschossen, die die Festung verlassen hatten, um sich dem Aufstand anzuschließen.

1870–1871: Deutsch-Französischer Krieg. Elsass-Lothringen fiel an das Deutsche Reich, wodurch Nußdorf nicht mehr an der Grenze lag.

1879: Bau des Neuen Schulhauses (Kulturdenkmal).

20. Jahrhundert

1911: Bau der Katholischen Kapelle (Kulturdenkmal). Im Eingangsbereich der Kapelle steht der gotische Taufstein von 1486.

1913: Die elektrische Oberlandbahn Landau-Neustadt (»die Schneck«) fuhr durch Nußdorf.

1914–1918: Erster Weltkrieg.

1918: Nußdorf beklagte 62 Gefallene und 11 Schwerbeschädigte. Französische Besetzung bis 1930.

1933–1945: Drittes Reich. Nußdorf wurde 1933 zu einer lokalen NS-Hochburg. 1935 wurde die Deutsche Weinstraße unter NS-Gauleiter Josef Bürckel in Bad Dürkheim eröffnet. 1940 lag Nußdorf im Gau Westmark, nördlich der Roten Zone des Westwalls.

1939–1945: Zweiter Weltkrieg. 1945 trauerte Nußdorf um 91 Gefallene. Im März erreichte die US-Armee den Ort, im April kam er unter französische Besatzung (bis 1955).

1946: Parlamentarische Republik Rheinland-Pfalz. Nußdorf blieb selbständige Gemeinde.

1957: Beginn der Erdölförderung mit →Pferdekopfpumpen auf Nußdorfer Gemarkung.

1960: Feier zum 1.000-jährigen Dorfbestehen und Herausgabe einer Chronik.

1972: Eingemeindung von Nußdorf, das Dorf wurde ein Landauer Stadtteil.

1978: Die Protestantische Kirchengemeinde kaufte das Bauernkriegshaus.

1993: Gründung des Historischen Arbeitskreises Bauernkriegshaus Nußdorf/Pfalz e. V.

21. Jahrhundert

2002: Große Feier mit Umzug zum 1.200-jährigen Dorfjubiläum. Herausgabe einer Ortschronik durch den Historischen Arbeitskreis.

2007: Einweihung des Bauernkriegerdenkmals.

2014: Einweihung des Hexendenkmals.

2017: Kleinplanet Nußdorf. Der Astrophysiker Prof. Dr. Joachim Wambsganß benannte zwei Asteroiden nach seiner Heimat »Nussdorf« und »Landaupfalz«.

2018: 40-jähriges Jubiläum des Nußdorfer Bauernhausfestes.

2025 (in Planung): Gedenken an den Deutschen Bauernkrieg vor 500 Jahren als einer frühen Demokratiebewegung.

Besucherinformation

Öffnungszeiten

Für Einzelbesucher und Kleingruppen Anfang Mai bis Mitte Oktober samstags und sonntags von 14.00 bis 16.00 Uhr.

Führungen für Gruppen und Schulklassen auch außerhalb der Öffnungszeiten nach telefonischer Vereinbarung.
Kontakt und Anmeldung über Telefon 06341 959169.

Eintritt

Der Eintritt ist frei. Die Vereine freuen sich über eine Spende zur Finanzierung von Gebäude und Museum.

Zugang

Nicht barrierefrei. Hunde an der Leine sind gestattet.

Anfahrt

• ÖNV: Vom Hauptbahnhof Landau mit den Buslinien 500 oder 521 Richtung Nußdorf: Haltestelle Nußdorf; von dort ca. 5 Minuten Fußweg entlang der Kirchstraße bis zum Bauernkriegshaus (gegenüber der Kirche gelegen).

• Fahrrad: Regionales Fahrradwegenetz; über dieses ist Nußdorf von Landau aus gut erreichbar.

• PKW: Über die A 65: Abfahrt Landau-Nord auf die B 10, Richtung Pirmasens-Saarbrücken; erste Ausfahrt »Landau-Nußdorf«; im Ort ist das Bauernkriegshaus ausgeschildert. Parkmöglichkeiten gibt es nahe Kirche und Friedhof.

Der Bauverein Bauernkriegshaus und Kirche Nußdorf e. V.

Der Bauverein ist Träger des Bauernkriegshauses und kümmert sich seit 1979 um die Finanzierung, Renovierung und Instandhaltung des historischen Anwesens, das 1978 vor dem drohenden Abriss gerettet wurde. In den Jahren 1978, 1989 und 2000 konnte die Protestantische Kirchengemeinde die einzelnen Teile des Anwesens erwerben und ist Alleineigentümerin.
Mehr als zwei Jahrzehnte war Georg Eichhorn Vorsitzender des Bauvereins. Nach Heiner Henn leitet aktuell Frank Kaiser den Verein.

Der Historische Arbeitskreis Bauernkriegshaus Nußdorf/Pfalz e. V.

Seit 1981 bemüht sich der Historische Arbeitskreis um die Erforschung der Ortsgeschichte. Seit 1993 kümmert er sich als eingetragener Verein um das Museum, das er auch selbst gründete. Weitere Aktivitäten des Arbeitskreises sind die jährlich stattfindenden November-Vorträge und die Ortsbegehungen und Ausstellungen.
Daneben hat der Arbeitskreis den Historischen Ortsrundgang angelegt, der stetig erweitert und verbessert wird. Diese Aktivitäten werden von der Ortsgemeinde, den anderen Vereinen sowie einzelnen Nußdorfer Bürgern und Bürgerinnen mitgetragen und mitunterstützt.
Als früherer Vorsitzender ist der Historiker Dr. Heinrich Thalmann zu nennen. Aktuell leitet der Historiker und Archivar Rolf Übel M. A. den Verein.

Website: *www.bauernkriegshaus-nussdorf.de*

Die »Ortschronik«

Historischer Arbeitskreis Bauernkriegshaus Nußdorf/Pfalz e. V. (Hrsg.), 1200 Jahre Nußdorf. Stationen einer Ortsgeschichte, Auflage 2002, Gesamtredaktion: Heinrich Thalmann und Rolf Übel, 580 Seiten, zahlreiche Abbildungen, 27,00 € inkl. MwSt. zzgl. Porto und Verpackung.
Erhältlich im Museum und beim Historischen Arbeitskreis:
E-Mail an Frau Mihrican Özdem, *info@lektorat-oezdem.de*.

Teil 2 – Historischer Ortsrundgang

Besucherinformation

Der Historische Ortsrundgang lässt sich rund ums Jahr zu Fuß oder mit dem Rad erkunden. Die Stationen 1 bis 11 und das Bauernkriegshaus liegen auf einem kleinen Rundweg (Kirchhohl – Kirchstraße – Pfarrer-Lehmann-Straße – Kirchhohl):

1. Nußdorfer Friedhof

2. Altes Pfarrhaus

3. Bauernkrieger-Denkmal

4. Gemeindehaus

5. Neues Schulhaus

6. Nußdorf in der Zeit der Französischen Revolution

7. Dorfplatz »Am Kohlwoog«

8. Pfarrer Johann Georg Lehmann

9. Erdölförderung in Nußdorf

10. Römischer Viergötterstein

11. Protestantische Pfarrkirche

Für die Station 12 »St. Johannes Nepomuk-Kapelle« (am Ende der Walsheimer Straße) und für die Station »Hexendenkmal« (Lindenbergstraße / Ecke Hintergasse) sind kleine Abstecher von dem Rundweg notwendig.

Weitere Infotafeln befinden sich am »Nußdorfer Weinerlebnispfad« (zwischen Landau und Nußdorf gelegen; dort in der Nähe der Pergola): Die »Nußdorfer Festungswasserleitung«, die »Nußdorfer Weinlage Kaiserberg« und die »Nußdorfer Weinlage Im Ochsenloch«. Sie erfordern eine kleine Wanderung oder kurze Radtour durch die Weinberge.

Ergänzend zum Bauernkriegsmuseum greift der Historische Ortsrundgang wesentliche Punkte der Nußdorfer Geschichte auf und informiert Sie auf Hinweistafeln an den einzelnen Stationen.

Genau wie im Museum wird auch am Rundgang beständig gearbeitet, korrigiert und aktualisiert, sodass hier nur der momentane Stand wiedergegeben werden kann. Es ist daher möglich, dass Sie nicht alles genau so vorfinden, wie hier beschrieben.

Ausgangspunkt des Ortsrundgangs
Kirchhohl 9, Parkmöglichkeit am Friedhof

Eingang zum Weinerlebnispfad
• Parkplatz-Nord: Im Schelmengässel (an der Turnhalle); von dort zu Fuß, ab der Ecke Schelmengässel / Herrengasse dem Wirtschaftsweg nach Süden folgen.
• Parkplatz-Süd: Zufahrt von der Herrenbergstraße L 512 aus, von Landau kommend direkt nach der Brücke über die B 10.

Online-Informationen zum Historischen Rundgang
http://www.landau-nussdorf.de
http://www.bauernkriegshaus-nussdorf.de

Die Stationen

Station 1 – Nußdorfer Friedhof

↪   Kirchhohl / Ecke Gottesackerweg
(nördlicher Ortsrand, gegenüber des Kirchgartens)

Auf einem kurzen Fußweg durch die kleine Baumallee (Gottesackerweg) nähern wir uns dem Friedhofshain. Den Eingang zum Nußdorfer Friedhof (Kulturdenkmal) bildet das klassizistische Friedhofstor von 1830, ein zweiflügeliges Eisentor an hohen Sandsteinpfeilern.

Zu den herausragenden Grabmälern zählt das unter Denkmalschutz stehende Grabmal der Familie Fritz Bodem (Ende 19. Jahrhundert). Eine weibliche Engelsgestalt thront, mit einem Buch in der Hand, auf einem Marmorblock.

Hervorragend ist auch das reich verzierte und mit einer Frauengestalt versehene Grabmal der Familie Jakob Bodem.

Der Nußdorfer Friedhof wurde 1830 auf einem vom Ehepaar Bernhard Zimpelmann und Eva Margaretha Keller gestifteten Stück Land errichtet. Der Friedhof wurde zwischenzeitlich erweitert und 1972 neu angelegt. Vor 1830 dienten Plätze um die Protestantische Pfarrkirche herum (Station 11) als Begräbnisstätte.

Bis zum Ende des 19. Jahrhunderts gab es noch einen Soldatenfriedhof auf Nußdorfer Gemarkung: Im Bereich der heutigen »Pfalzwerke« (Energieversorgungsunternehmen, Im Justus) wurden auf dem Soldaten-Kirchhof verstorbene Militärs der Stadt Landau beigesetzt.

Beachten Sie auch folgende Steine:

- Grabmal A. A. Engel (um 1829)
- Grabmal A. M. Pfaffmann mit klassizistischer Säule (um 1829)
- Grabmal J. Lorenz mit barockisierender Stele (um 1891)
- Grabmal L. und C. Gastroph mit Engel (um 1900)
- Grabmal K. und E. Hochdörfer mit Felsstele (um 1901)
- Kriegerdenkmal für 1914–1918 mit Kriegerfigur (1920er Jahre)
- Gefallenendenkmal für 1939–1945 mit »ausgeschnittenem« Kreuz (2017)

Auf Initiative des Historischen Arbeitskreises wurde hinter dem Haupteingang eine Fläche als →Lapidarium (Steinsammlung) ausgewiesen, auf der die historisch oder künstlerisch bedeutsamen Grabdenkmale zusammengestellt werden und somit erhalten bleiben.

Station 2 – Altes Pfarrhaus

↪ Kirchstraße 57

Ein Jahrhundert älter als der Friedhof ist das Alte Pfarrhaus, heute in Privatbesitz und daher nicht öffentlich zugänglich.

Es ist ein stattlicher Bau mit einer angrenzenden →Zehntscheuer.
Als Zehntscheuer wurde ein Lagerhaus zur Annahme und Aufbewahrung der Naturalsteuer Zehnt (Abgabe des zehnten Teils) bezeichnet.

Von dem Weg (Bachgässel) aus, der von der Kirchhohl zwischen der Kirche und dem Neuen Pfarrhaus abzweigt, gegenüber des Gottesackers, können Sie die Rückseite der Zehntscheuer mit ihrem charakteristischen Dach aus →Biberschwänzen (Dachziegel) sehen. (Von der Pfarrer-Lehmann-Straße aus betreten Sie diesen Weg, der bald nach Norden Richtung Kirchhohl abbiegt, links von der Erdölpumpe.)

Das genaue Erbauungsjahr beider Gebäude ist nicht bekannt. Die heute sichtbare Architektur des Wohnhauses geht auf das Jahr 1730 zurück. Ursprünglich diente das Alte Pfarrhaus wohl als Verwalterhaus der Herrschaften der Familien von Dalberg, von Dahn und von Heideck. Erst später diente es als Pfarrhaus.

Folgende Pfarrer lebten zwischen 1719 und 1955 in dem Gebäude:

- Tobias Sartorius (1719–1738)
- Johann Christian Bär (1738–1741)
- Georg Philipp Reinhard (1741–1765)
- Philipp Wolfgang Carl Reinhard (1765–1793)
- Carl Lukas Mahla (1793–1825)
- Johann Georg Schimpff (1826–1845)
- Johann Georg Lehmann (1846–1876)
- Carl Gastroph (1877–1906)
- Johannes Stilgenbauer (1906–1924)
- Emil Krieger (1924–1937)
- Otto Böll (1937–1955)

In der Pfarrer-Lehmann-Straße ist eine Gedenktafel zur Erinnerung an Pfarrer Lehmann angebracht (Station 8).

Station 3 – Bauernkrieger-Denkmal

»Albrecht Dürers Gedächtnissäule für den Deutschen Bauernkrieg 1524–1526«

↪   Kirchstraße / Abzweig Walsheimer Straße

Noch heute werden die Nußdorfer manchmal als »Bauernkrieger« bezeichnet. Diesen Ruf erwarben sie sich vor 500 Jahren, als von hier aus der Aufstand der Pfälzischen Bauern losbrach: Am Sonntag Quasimodogeniti, dem Kirchweih-Sonntag in Nußdorf, des Jahres 1525, beschlossen die Bauern der Südpfalz ihre politische und wirtschaftliche Notlage zu verbessern und sich gegen ihre weltlichen Fürsten und geistlichen Herren zu erheben.

Der Beginn des Deutschen Bauernkriegs in der linksrheinischen Pfalz wird durch die Bildung des Nußdorfer Haufens an diesem 23. April 1525 markiert. Die Pfälzer Bauern plünderten einige umliegende Klöster und Burgen, bevor sie am 6. Mai die Stadt Neustadt kampflos einnahmen. Das Programm der Bauernhaufen beruhte auf den Zwölf Artikeln, die in Memmingen (Bezirk Schwaben, Bayern) formuliert und in 25.000 Exemplaren gedruckt worden waren.

Kurfürst Ludwig V. ging ab dem 23. Mai, mit Unterstützung der Truppen des Trierer Erzbischofs, militärisch gegen die Bauern vor, nachdem andere Fürsten in Württemberg und im Elsass die dortigen Aufstände bereits niedergeschlagen hatten. In der Schlacht bei Pfeddersheim (Worms) wurden die pfälzischen Bauern am 23. und 24. Juni 1525 vernichtend geschlagen. Tausende Bauern sollen in der Schlacht den Tod gefunden haben.

Das aus Bronze gegossene, ca. zwei Meter hohe Denkmal stellt einen von einem Schwert durchbohrten Bauern dar. Das Denkmal erinnert an den Beginn des Pfälzischen Bauernkrieges in Nußdorf und seine harte Niederschlagung.

Das Bauernkrieger-Denkmal wurde 2007 aufgestellt. Realisiert wurde es von dem Künstler Peter Brauchle nach einer Original-Zeichnung von Albrecht Dürer. Peter Brauchle, geboren 1970 in Weil am Rhein, ist Steinbildhauer und freischaffender Künstler.

Der Renaissance-Maler Albrecht Dürer (1471–1528) stand dem Humanismus und der Reformation nahe. 1525 schuf er die phantasievollen Entwürfe für drei Bildsäulen. Eine der drei Säulen, die Bauernkriegssäule, stellte ein Denkmal für den Sieg über die aufrührerischen Bauern dar.

Zu sehen ist ein mit einem Langschwert durchbohrter, kauernder Bauer auf einer Säule aus bäuerlichen Gerätschaften und einem Sockel mit Nutztieren. Der Bauer sitzt auf einem Schmalzhafen über einem Hühnerkäfig, Werkzeugen, einem Milchkrug, einem Butterfass usw. Am Sockel kauern Ochsen, Schafe und Schweine.

Die Darstellung der Gedenksäule stammt aus einem Lehrbuch Albrecht Dürers zu Geometrie und Proportion. Dürer verwies damit, wie auch schon der Reformator Martin Luther, auf das Bibelzitat (Matt 26,52): »Wer das Schwert nimmt, soll durch das Schwert umkommen.«

Für das Nußdorfer Denkmal ausgeführt wurde nur der kauernde Bauer mit dem Schwert im Rücken. Finanziert wurde die außergewöhnliche Plastik über Spenden von Nußdorfer Bürgern und Bürgerinnen.

Der Pfälzische Bauernkrieg (1525)

Besuchen Sie zum Thema Bauernkrieg auch das Nußdorfer Bauernkriegsmuseum (Kirchstraße 66).

Passend zum Thema lohnt ebenfalls ein Ausflug in die Landauer Innenstadt, an die 1333 geweihte Gotische Stiftskirche in der Fußgängerzone (Marktstraße 93). Seitlich der Stiftskirche befindet sich der Johannes-Bader-Platz, der an den Landauer Reformator Johannes Bader erinnert, der von 1520 bis 1545 in Landau wirkte.

Auf dem Stiftsplatz vor der Kirche steht das überlebensgroße Martin Luther-Denkmal. Der Reformator Martin Luther hatte im April 1525 dazu aufgerufen, die aufständischen Bauern zu erschlagen: »Man soll sie zerschmeißen, würgen, stechen, heimlich und öffentlich, wer da kann, wie einen tollen Hund.« (Siehe auch die Luther-Schrift »Wider die räuberischen und mörderischen Rotten der Bauern«.)

Nur wenige Meter vom Luther-Denkmal entfernt gehen Sie durch eine Hofeinfahrt (Marktstraße 92). Hier steht das bereits 1322 erwähnte Haus zum Maulbeerbaum, in dem 1522 die Ritter unter Franz von Sickingen (1481–1523) und Ulrich von Hutten, den Anführern des Pfälzischen Ritterkrieges, tagten. Auch der Ritterstand war in dieser Umbruchszeit in Aufruhr geraten und versuchte vergebens, seine frühere Bedeutung zurückzuerlangen.

Station 4 – Gemeindehaus

↪　Kirchstraße 36 (links der Grundschule, am Nussbrunnen)

Nach dem Wiener Kongress (1814–1815), in dem Europa neu geordnet wurde, fiel Nußdorf 1815 an Österreich. In einem Staatsvertrag trat Österreich die Pfalz 1816 an das Königreich Bayern ab.

Das Gemeindehaus ist ein im typischen Stil der Zeit erbautes Gebäude. Es wurde 1838 mit Bewilligung von König Ludwig I. (1825–1848) von Bayern als Gemeindehaus errichtet.

Ludwig I. bewilligte den Bau mit folgendem Schreiben: »Eurer Königlichen Majestät überreicht der treugehorsamst Unterzeichnete anliegend den von der Regierung der Pfalz vorgelegten Entwurf Lit.A zu einem neuen Gemeindehause in Nußdorf, veranschlagt zu 2555 fl [Gulden], welcher Kostenbetrag in das Gemeindebudget 1838 aufgenommen wurde, und aus Gemeindemitteln, ohne der Umlage zu bedürfen, bestritten werden kann … München, den 3.October 1838 [von Abely], Berchtesgaden am 5. Oktober 1838, Ludwig«.

Zeitweilig diente ein Raum als Wachstube mit Arrestzelle. Die ersten demokratischen Wahlen in der Weimarer Republik im Jahr 1919 fanden in diesem Gebäude statt. Bis 2005 befand sich hier eine Dorfbücherei.

Heute beherbergt das Gebäude das Ortsvorsteherbüro und den Sitzungssaal des Ortsbeirates Nußdorf, ein Raum ist vermietet. Vor dem Gebäude steht ein Springbrunnen mit Motiven des Nußdorfer Wappens.

Station 5 – Neues Schulhaus
»Grundschule Landau-Nußdorf«

↪   Kirchstraße 34

In die bayerische Zeit, in die Regierungszeit König Ludwigs II. von Bayern, fällt auch der Bau des denkmalgeschützten Neuen Schulhauses. Es ist ein im spätklassizistischen Stil 1878 erbauter Walmdachbau mit schönem Zierrat. Die gesamten Baukosten wurden von der Gemeinde Nußdorf aufgebracht.

Es handelt sich um die Grundschule Nußdorf, die auch heute noch von Schülern und Schülerinnen des Ortes und umliegender Dörfer besucht wird.

Die Schule wurde das »Neue Schulhaus« in Abgrenzung zum Alten Schulhaus genannt. Dieses Alte Schulhaus lag an der Brückenwaage (beim heutigen Bauernkriegerdenkmal) und war eine reine Mädchenschule. Die Knabenschule befand sich räumlich getrennt im Anwesen Möckli (Kirchstraße, links vom Gemeindehaus gelegen). Daneben gab es noch ein Katholisches Schulhaus in der Walsheimer Straße 13.

1873 wurden alle drei Schulen mit zu niedrigen und zu kleinen Räumen als veraltet empfunden. Zur Bauzeit des Neuen Schulhauses 1878 hatte die Gemeinde 220 Werktags- und 60 Sonntagsschüler.

Station 6 – Nußdorf in der Zeit der Französischen Revolution

»Nußdorfer Haustafeln«

↪ Kirchstraße 19

(Haustafeln insgesamt siehe: Geißelgasse, Hintergasse, Kirchstraße, Lindenbergstraße; jedoch sind nicht alle Tafeln restauriert)

An dieser Station ist eine von 13 noch erhaltenen Hausinschriften zu sehen, die teilweise (8 Tafeln) direkt aus der Revolutionszeit stammen. Auf diesen acht Inschriften stehen die Namen des Hauserbauers und seiner Ehefrau, die Jahreszahl der Erbauung nach »alter Zeitrechnung« (n. Chr.) und die Jahreszahl nach der »neuen Zählung« des Französischen →Revolutionskalenders von 1792. Das Jahr 1792 wurde dabei zu »Jahr 1 der Französischen Republik«.

So heißt es beispielsweise auf einer Inschrift: »im 9. Jahr der Fr. Rep · alten Stiels 1801« (Fr. Rep. = Französische bzw. Fränkische Republik).

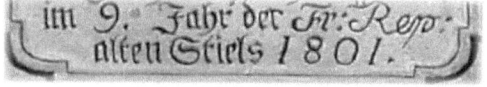
Nach 1805 setzte sich die alte christliche Zeitrechnung wieder durch.

Die Hausinschriften bezeugen, dass Nußdorf zwischen 1680 und 1814 zu Frankreich gehörte. Die Grenze zum Nachbardorf Walsheim im Norden war damals zugleich die kurpfälzisch-französische Staatsgrenze (Gemarkung →»Am Zollstock«).

Am 30. Januar 1790 wählten die Nußdorfer als erste Pfälzer Gemeinde einen »Maîre« und einen »Notabeln« (Bürgermeister und Gemeinderat) nach französischem Vorbild. Auch wurden 1790 und 1791 Revolutionsfeste im Ort gefeiert.

1793 wurde ein Freiheitsbaum errichtet und mit einer →Kokarde (Abzeichen in Blau–Weiß–Rot) geschmückt. 1794 bis 1798 ist ein →»Tempel der Vernunft« in Nußdorf belegt. Es war die damals säkularisierte Kirche. Auf dem Kirchturm wehte die französische Nationalfahne.

Die Nußdorfer Hausinschriften sind in Charakter und Häufigkeit einmalig in den pfälzischen Dörfern. Um 1919 gab es noch etwa 28 Haustafeln, die restlichen gingen jedoch bei der Aufstockung der Gebäude in den 1920er und 30er Jahren oder durch Abriss der Häuser verloren.

Besonders schön: Unter Denkmalschutz stehen der Inschriftenstein aus dem Jahr 1786 in der Kirchstraße 8, die Steine aus dem Jahr 1802 in der Geißelgasse 35 und der Lindenbergstraße 52 sowie der Stein von 1804 hier in der Kirchstraße 19.

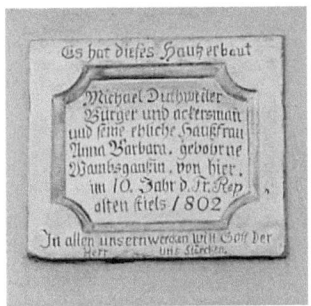

Station 7 – Dorfplatz »Am Kohlwoog«

↪   Kirchstraße / Ecke Kohlwoog

Der alte Dorfplatz an der Kirchstraße wurde 1997 als »Stätte der Begegnung« eingeweiht. Dort wird u. a. der 1.Mai gefeiert. Auf dem Platz gibt es einen alten Dorfbrunnen aus Gusseisen. Das Wasser fließt in Becken aus großen Sandsteinen.

In früheren Zeiten besaß der Platz eine offene große Wasserfläche (→Woog) und war ein Dorfteich und Entenweiher. Als Weiher tränkte der Woog das Großvieh und als Wasserquelle diente er der Brandlöschung. Die Sandsteine wurden bis ins 20. Jahrhundert als Waschbank genutzt.

Auf dem Platz befand sich auch eine überdachte Eichstation für die Nußdorfer Winzer.

Ein Woog ist ein größeres, oft auch künstlich aufgestautes Gewässer, ein Teich, ein Weiher oder auch feuchtes Wiesenland. Mit »Kohl« ist vielleicht der Gemüsekohl gemeint, eher lautete der Name aber »Kolbwoog« nach dem Rohrkolben (lat. Typha; eine essbare Wasser- und Sumpfpflanze).

Station 8 – Pfarrer Johann Georg Lehmann

↪   Pfarrer-Lehmann-Straße / Ecke Am Frankengarten

Hier finden Sie eine Info-Tafel zu Pfarrer Leh-mann. Johann Georg Lehmann (1797–1876) war 30 Jahre lang protestantischer Pfarrer in Nuß-dorf. Lehmann war zugleich ein bedeutender Pfalz-Historiker. Er schrieb zahlreiche Werke auf der Grundlage von Urkundenstudien, die auch heute noch von Historikern zu Rate gezogen werden.

Lehmann wurde am 24. Dezember 1797 in Dürk-heim geboren, studierte Theologie in Heidelberg und war anschließend als Pfarrer tätig, u. a. in Wa-chenheim, Altleiningen und Kerzenheim. 1846 kam er schließlich nach Nußdorf. Ab dieser Zeit entstanden seine historischen Werke. Lehmann war auch politisch engagiert. Er reichte 1848 eine Denkschrift an die Deut-sche Nationalversammlung ein, um die Gleichbehandlung der Juden zu unterstützen.

Pfarrer Lehmann starb 1876 in Nußdorf. Seine Grabstätte befindet sich auf dem Nußdorfer Friedhof (Station 1) und wird von Nußdorfer Bürgern und Bürgerinnen gepflegt.

Einen Teil des Bauernkriegsmuseums bildet die Pfarrer-Lehmann-Stube, in der einige seiner Werke und Alltagsgegenstände ausgestellt sind. Dar-über hinaus wird er durch die Namensgebung der Pfarrer-Lehmann-Straße gewürdigt.

Station 9 – Erdölförderung in Nußdorf
»Pferdekopfpumpen«

↪   Pfarrer-Lehmann-Straße / Ecke Viermorgenstraße

In Nußdorf wurde bereits im 16. Jahrhundert viel Öl gewonnen, doch damals handelte es sich noch um das Öl der zahlreichen Walnüsse, die dem Ort einst seinen Namen gaben.

Das hier ist jedoch Ölgewinnung auf texanische Art: Seit 1957 wurden etwa 30 Ölförderstellen errichtet. Sie sind Teil des Landauer Ölfeldes, des größten deutschen Ölfeldes im Oberrheingraben. Unter der Nußdorfer Scholle lagert in 500 bis 1.800 Meter Tiefe Erdöl.

Die nickenden »Pferdeköpfe« sind Teil der Pferdekopfpumpen, die das »schwarze Gold« aus der Tiefe holen. Die Gestängetiefpumpen werden auch »Nickesel« genannt. Sie sind eine texanische Erfindung der 1920er Jahre. Der Pumpmechanismus ist ein Kolben mit Rückschlagventilen, der sich in einem eigenen Rohrstrang im Bohrloch nahe der ölführenden Schicht befindet.

Die Tafel der Station 9 informiert Sie ausführlich über die Erdölgewinnung in Nußdorf. Auch auf dem Nußdorfer Weinerlebnispfad (siehe unten) wird auf die Erdölförderung hingewiesen. 65 Pferdekopfpumpen hat die BASF-Tochter Wintershall GmbH auf dem Landauer Ölfeld stehen.

Station 10 – Römischer Viergötterstein

↪ Kirchstraße 61 (in der Nordostecke der Prot. Pfarrkirche verbaut)

Der römische Viergötterstein, um 300, ist ein Zeugnis dafür, dass Nußdorf bereits zur Römerzeit besiedelt war. Er wurde 1822 am Turm entnommen und in der Nord-Ost-Ecke des Langhauses der Pfarrkirche (Station 11) verbaut.

Viergöttersteine bildeten die Basis einer sogenannten →Jupitergigantensäule, die im Rahmen des Götterkults zu einer Villa Rustica (römischer Gutshof) des 2. bis 4. Jahrhunderts gehörte.

Auf den vier Seiten des Steines, der den Sockel der Säule bildete, sind die vier römischen Götter Juno, Jupiter, Minerva und Herkules abgebildet. Häufig folgte dann ein Zwischensockel mit der Darstellung der Wochengötter, darauf die Säule mit geschuppter

Oberfläche und schließlich das Kapitell und darüber die Darstellung des Hauptgottes Jupiter, der einen Giganten niederreitet.

Der Viergötterstein wurde 1822 erstmals beschrieben: »Zu Nußdorf bey Landau befindet sich an einem Eck des Thurmes ein sehr wohl erhaltener Altarstein eingemauert, dessen beiden sichtbaren Seiten den Herkules und die Juno vorstellen.« (Beylage zum Intelligenz Blatt des Rhein Kreises, 1823, No 1).

Station 11 – Protestantische Pfarrkirche
»Ehemals St. Johannes Evangelist-Kirche«

↪   Kirchstraße 61 (Aufgang von der Kirchstraße oder von der Kirchhohl)

Es handelt sich um einen spätgotischen Saalbau aus dem 15. bis 16. Jahrhundert, der jedoch 1738 barock überformt wurde und 1856 einen neugotischen Turm erhielt. Auch der römische Viergötterstein (Station 10) wurde im 19. Jahrhundert eingemauert.

Die Nußdorfer Pfarrkirche wurde 1289 erstmals erwähnt. Vermutlich gab es einen Vorgängerbau aus römischer Zeit, dessen Reste vielleicht zukünftig mit moderner Sonartechnik entdeckt werden können (in Planung).

Der Chor ist der einzig erhaltene Teil der mittelalterlichen Kirche. Eine Besonderheit bildet dieser Chor wegen seiner kunsthistorisch bedeutenden Seccomalereien aus dem 15. Jahrhundert. Diese waren lange Zeit übermalt, wurden aber 1911 bei Restaurierungsarbeiten entdeckt und

freigelegt. Dargestellt sind der Hl. Petrus, der Hl. Thomas, die Hl. Margareta und weitere christliche Gestalten sowie die Symbole der vier Evangelisten Matthäus (Engel), Markus (geflügelter Löwe), Lukas (geflügelter Stier) und Johannes (Adler).

Beachten Sie auch die alten Grab-
platten im Außenbereich der
Kirche und am Kirchturm. Eine
Hinweistafel informiert Sie dar-
über. Die Sarkophag-Abdeckung
stammt aus römischer Zeit. Vermutlich lag unter dem Kirchen-
hügel eine Villa Rustica.

Es gab auch einen romanischen
Vorgängerbau. Bei der Platte mit den Öffnungen handelt es sich nicht um
eine Grabplatte, sondern um ein romanisches Fenster.

Um 1856 beschrieb August Becker (in »Die
Pfalz und die Pfälzer«) den Vorgängerturm
noch so: »Der uralte Turm, in dessen äu-
ßerst festes Gemäuer die Fenster wohl erst
später gebrochen wurden, hat seinem Aus-
sehen nach einst eine andere Bestimmung
gehabt als jetzt.«

Station 12 – St. Johannes Nepomuk-Kapelle
»Katholische Kirche«

↪   Walsheimer Straße 28 / K 11 (östlicher Ortsrand)

Es handelt sich um einen romanisierenden Saalbau im Heimatstil, der von dem Neustadter Architekten Wilhelm Schulte errichtet wurde. Die katholische Kapelle im neoromanischen Stil wurde erst 1910 erbaut. Der Saal ist aus Quadersteinen gebaut, nach Osten liegt der dreiseitig geschlossene Chor.

Vor dem Bau der Kapelle hatten die katholischen Nußdorfer seit der Reformation keine eigene Kirche mehr. Sie bildeten eine Minderheit und hielten ihre Gottesdienste in der Protestantischen Pfarrkirche ab (Station 11), die seit 1730 ein Simultaneum war.

→Simultaneum bedeutet, dass ein Gotteshaus verschiedenen christlichen Konfessionen offensteht. In Nußdorf waren dies die Lutheraner, die Reformierten und die Katholiken, gegen Ende des 19. Jahrhunderts die Protestanten, die Katholiken und die Alt-Katholiken.

Die Kapelle beherbergt den gotischen Taufstein von 1486, der erst durch Pfarrer Gerhard Postel wiederentdeckt wurde.

Station am südlichen Ortskern – Hexendenkmal

↪ Lindenbergstraße / Ecke Hintergasse

Von 1580 bis 1659 fanden Hexenprozesse in der Reichsstadt Landau statt. Im Jahr 1584 begannen die Hexenverfolgungen auch in Nußdorf.

Am 8. Mai 1584 wurde Barbara Wambsganß von Gangels Jost angezeigt. Der Landauer Scharfrichter Caspar wurde auf Bemühen von Jost durch Nicolaus Pfraum aus Simmern ersetzt, der schon Hexenprozesse durchgeführt hatte. Unter der Folter beschuldigte Barbara Wambsganß schließlich weitere Nußdorferinnen, sodass in diesem Jahr sechs Frauen aus dem Ort auf dem Landauer Scheiterhaufen verbrannt wurden.

1585 wurde Dorothea Mades der Hexerei bezichtigt, was wiederum zu Verurteilungen von drei Personen führte. 1588 wurde schließlich die Tochter von Hans Demas verbrannt.

Auszug aus dem Urteil von 1585: »…dass Beklagte alle, so gegenwärtig vor diesem Gericht stehen, ihrer Misshandlung und vielgeübter Zauberei und Hexenwerks wegen durch den Nachrichter mit dem Feuer vom Leben zum Tode zu richten seien.«

Die Anklagepunkte bezogen sich auf Wetterzauber, das Vernichten von Ernten, das Verhexen von Vieh, Buhlschaften, nächtliche Hexenflüge und geheime Treffen. Der Glaube an eine okkulte Hexensekte war damals weit verbreitet. Zwischen Nußdorf und dem Nachbarort Böchingen lag ein sogenannter Hexenweg.

Im Gedenkjahr 2014 wurde das Mahnmal errichtet, das an die zehn Nußdorfer Opfer der Hexenverfolgung erinnert:

- Barbara Wambsganß, 1584
- Barbara, die Frau des Theobald Hohl, 1584
- Die Frau des Peter Hensel, 1584
- Die Frau des jungen Jeckel, 1584
- Die Frau des Valentin Heuchelheimer, 1584
- Die Frau des Hans Demas, 1584

Die Nußdorfer Hexenverfolgungen (1584–1588)

Zum Thema passend lohnt ein Ausflug in die Landauer Innenstadt zum Galeerenturm (Burghofgasse / Ecke Waffenstraße). Er war vermutlich der Burg-
turm einer 1315 abgetragenen Reichsburg, der dann bis 1688 den nordwestli-
chen Eckturm der Stadtmauer bildete. 1732 diente er als Gefängnisturm für
Militärsträflinge, die auf die Galeeren geschickt wurden, und erhielt dadurch
seinen Namen »Galeerenturm«.
Ähnlich wie der Galeerenturm mag der »Alte Kabicht« ausgesehen haben,
ein weiterer Turm der Stadtmauer, der um 1584 als Gefängnisturm genutzt
wurde und als Kerker für die angeklagten Nußdorfer Hexen diente. Der Alte
Kabicht stand einstmals an der Queich (Waffenstraße / Stadtmühlgasse).
Im alten Rathaus, das neben der Gotischen Stiftskirche im Bereich Stiftsplatz 3 / Ecke Klosterbrückchen stand, fanden die Gerichtsprozesse gegen
die vermeintlichen Hexen statt. Heute steht das Martin-Luther Denkmal vor
der Kirche. Der Reformator Martin Luther glaubte an Hexen und hatte zur
Tötung der Hexen aufgerufen, denn in der Bibel steht (Ex 22,17): »Die Zauberinnen sollst du nicht am Leben lassen.«

- Apollonia Frankenstein, 1585
- Valentin Mades, 1585
- Dorothea Mades, 1585
- Die Tochter des Hans Demas, 1588

Ausgeführt wurde das Denkmal von Karlheinz Zwick. Karlheinz Zwick, geboren 1948 in Bad Bergzabern, ist Maler und Bildhauer. Weitere Arbeiten von ihm finden Sie auf dem Nußdorfer Weinerlebnispfad.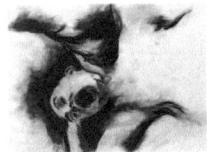

Aus Luthers Predigt vom 6. Mai 1526: »Es ist ein überaus gerechtes Gesetz, dass die Zauberinnen getötet werden, denn sie richten viel Schaden an, was bisweilen ignoriert wird, sie können nämlich Milch, Butter und alles aus einem Haus stehlen […] Sie können ein Kind verzaubern […] Auch können sie geheimnisvolle Krankheiten im menschlichen Knie erzeugen, dass der Körper verzehrt wird […] Schaden fügen sie nämlich an Körpern und Seelen zu, sie verabreichen Tränke und Beschwörungen, um Hass hervorzurufen, Liebe, Unwetter, alle Verwüstungen im Haus, auf dem Acker, über eine Entfernung von einer Meile und mehr machen sie mit ihren Zauberpfeilen Hinkende, dass niemand heilen kann […]

Die Zauberinnen sollen getötet werden, weil sie Diebe sind, Ehebrecher, Räuber, Mörder […] Sie schaden mannigfaltig. Also sollen sie getötet werden, nicht allein, weil sie schaden, sondern auch, weil sie Umgang mit dem Satan haben.«

Am Ebenberg (südlicher Stadtrand) war der Landauer Galgenplatz. Hier verbrannten die verurteilten Hexen und Hexer auf dem Scheiterhaufen.

Station auf dem Weinerlebnispfad – Festungswasserleitung

↪   zu finden unterhalb des Wahrzeichens

An der Ecke Herrengasse / Schelmengässel nehmen Sie den Wirtschaftsweg nach Süden (Richtung Landau) in die Weinberge hinab. Bei den Zypressen gehen Sie nach Westen (Richtung Gebirge) auf das »Wahrzeichen« des Weinerlebnispfads zu, eine 7 m hohe Stahlblech-Skulptur von Karlheinz Zwick. Am Wahrzeichen biegen Sie wieder nach links ab Richtung Süden. Bald erreichen Sie die Info-Tafel zur Festungswasserleitung neben der Historischen Weinpresse.

1747 wurden Pläne für eine Quellwasserleitung zur Versorgung der Festung Landau erstellt. 1748 wurden in den Nußdorfer Gemarkungen »Im Ochsenloch« und »In der Viehweide« Quellen gefasst. Das Wasser wurde über eine 3 km lange Wasserleitung aus Deicheln (Fichtenholzröhren) nach Landau geleitet. Am Landauer Fort wurde das Wasser über ein kleines →Aquädukt geführt (siehe dort am Nußdorfer Tor).

Mit dem Wasser wurde das damalige Militärhospital versorgt (heutige Lage: Sparkasse – Hafermagazin), die beiden noch sichtbaren Brunnen auf dem Landauer Rathausplatz und der Brunnen der Roten Kaserne.

1849 unterbrachen Freischärler kurzzeitig die Wasserversorgung. Nach 1887 diente die Wasserleitung nur noch als Reserveleitung, es gab nun ein Städtisches Wasserwerk. Mit dem Bau der Wohnsiedlung »Im Schützenhof« wurde die Wasserleitung aufgegeben. Beim Bau der Landauer Nordumgehung 1990 fanden sich Deicheln. Ein originales Fundstück ist im Dorfmuseum ausgestellt.

Die Nußdorfer Festungswasserleitung (1748–1887)

Zum Thema Deichel passend lohnt ein Ausflug nach Landau, zum »Nuß-dorfer Tor« beim Landauer Fort (»Route Vauban in Landau«, Station 8, nahe beim Landauer Zoo gelegen; siehe Info-Stele vor der Bastion Nr. 60). Das sogenannte Nußdorfer Tor (Porte de Nussdorf) am Nordwall des Forts war, nach dem Französischen Tor (Porte de France) und dem Deutschen Tor (Porte d'Allemagne), das dritte und kleinste Tor der berühmten Landauer Festung. Der Durchgang war nicht öffentlich, sondern nur für das Militär und medizinische Personal gedacht.

Hier ist auch noch das Aquädukt der Nußdorfer Festungswasserleitung von 1748 zu sehen. Die Wasserleitung diente der Versorgung der Landauer Garnison mit frischem Quellwasser aus sieben Nußdorfer Quellen (Haupt- und Nebenquellen).

Durch unterirdisch verlegte Fichtenholzrohre (Deicheln) wurde das Wasser zur Stadt geleitet, wo es mehrere Brunnen speiste (siehe Info-Stele, Station 2, vor der »Kommandantur«, dem heutigen Landauer Rathaus auf dem Rathausplatz).

Beim Pfälzer Aufstand von 1849 wurde Nußdorf von der Landauer Festung aus beschossen. Grund war die Belagerung der Festung durch Freischaren und das Zerstören der Nußdorfer Wasserleitung durch einige Freischärler. Glücklicherweise herrschte an diesem Tag Nebel. So wurde das Dorf von keinem einzigen Landauer Geschoss getroffen.

Station auf dem Weinerlebnispfad – Weinlage »Kaiserberg«

↪   zu finden bei der Pergola und dem Kaiserbergbrunnen

Bleiben Sie weiterhin auf dem Wirtschaftsweg Richtung Süden. Bald erreichen Sie die Pergola und davor die Info-Tafel zum Kaiserberg.

Seit 1977 ist der →Kaiserberg eine der großen Weinlagen in Nußdorf.

Heinrich III. (1017–1056) besaß um 1046 ein Hofgut (Predium) auf Nußdorfer Gemarkung. Die daraus erzielten Einnahmen dienten dem Gebet für seine Familie in den Grablegen des Speyerer Doms. Auch sein Sohn Heinrich IV. (1050–1106) erneuerte diese Stiftung 1101. Die beiden salischen Kaiser liegen in der Krypta des Speyerer Doms bestattet.

Station auf dem Weinerlebnispfad –
Weinlage »Im Ochsenloch«

↪   zu finden östlich der Pergola und des Kaiserbergbrunnens

An der Pergola gehen Sie nach Osten (Richtung Rheinebene) bis zu der
Ochsenskulptur bei den Zypressen. Sie finden die Infotafel hinter der
Skulptur des Künstlers Karlheinz Zwick. Auftraggeber für die Skulptur
war das Nußdorfer Weingut Emil
Bauer & Söhne. Kleiner Tipp: Der
Ochsenschwanz ist beweglich.

»Im Ochsenloch« ist eine alther-
gebrachte Flurbezeichnung für eine Viehtränke. Hier lag die Nußdorfer Allmende. Das war eine ge-
meinschaftlich genutzte Viehweide. Um 1750 wurden hier Quellkammern
zur Wasserversorgung der Festung Landau erbaut (Station Festungswasserleitung).

Auf dem kalk- und wasserreichen Boden wird die Merlot-Rebe angebaut.
Zu Beginn des 20. Jahrhunderts war bereits der Impressionist Max Sle-
vogt angetan von den hiesigen Rotweinen und zeichnete einen Winzer mit
Weinglas, Weinfässchen und zwei Ochsen.

Für die →impressionistische Malerei eignete sich auch der weite Blick am
Rand der Rheinebene hervorragend. 130 Gemälde von Max Slevogt (1868–
1932) befinden sich in der Max-Slevogt-Galerie der Villa Ludwigshöhe bei
Edenkoben, dem ehemaligen Sommersitz von König Ludwig I. von Bayern. Auf dem Slevogthof Neukastel bei Leinsweiler schuf der Maler in den
1920er Jahren Wand- und Deckengemälde.

Neben dem schönen Blick über Landau im Süden können Sie vom Norden des Dorfes aus bis zum Hambacher Schloss sowie nach Heidelberg und Speyer schauen. Es lohnt sich, eine kleine Wanderung – vom Ende der Gartenstraße oder Kirchstraße aus – in die Weinberge zu unternehmen.

Besuchen Sie Nußdorf zur Mandelblüte oder zur Weinlese, kommen Sie zu den zahlreichen Veranstaltungen oder genießen Sie den Blick zur Haardt, zum Wasgau, zum Schwarzwald und über die Rheinebene vom »Balkon von Landau« zu jeder Jahreszeit.

Wir freuen uns auf Sie!

Anhang

Glossar

Alamannen	Westgermanischer Stammesverband »Alle Männer«. Die Alemannia, das Siedlungsgebiet der Alamannen, umfasste die Regionen des heutigen Baden-Württemberg, Bayerisch Schwaben, Elsass, Liechtenstein, Vorarlberg und der Deutsch-Schweiz.
Allmende	Gemeinschaftliches Eigentum (»Allgemeine«), Genossenschaftsbesitz, hier: gemeinsames Weideland der Bauern.
Aquädukt	Wasserführende Brücke (»Wasser-Leitung«), seit der Antike verbreitet.
Biberschwanz	Flacher, halbrunder Dachziegel, der seit dem 14. Jahrhundert verbreitet ist. Seine Form erinnert an die »Kelle« (den Schwanz) des Bibers.
Bundschuh	Der Bundschuh der Frühen Neuzeit war ein Schnürschuh aus Leinen oder Leder. Um 1500 wurde er zum Gemeinschaftssymbol der Bauern. Sie führten ihn als Feldzeichen bei ihren Aufständen und im Deutschen Bauernkrieg (1524–1526).

Deichel	Holzröhre für eine Wasserleitung. In vorindustrieller Zeit führten häufig Deicheln das Röhrwasser. Gefertigt wurden sie vom Röhrmeister oder Deichelbohrer.
Dekapolis	Zehnstädtebund (»Zehn-Stadt«). Gemeint ist hier die Décapole: zehn freie Reichsstädte im Elsass. Das Bündnis wurde 1354 geschlossen, um die Rechte der Städte zu stärken. 1521 schloss sich Landau dem Bund an, nachdem Selz und Mülhausen ausgeschieden waren.
Dendrochronologie	Datierung mittels Jahresbaumringen (»Baum-Zeit-Lehre«), die Wissenschaft vom Baumalter. An alten Balken werden die Jahresringe des Baumes gezählt. Durch Vergleichsreihen mit den Wachstumsringen anderer Bäume kann das Alter eines Gebäudes genau ermittelt werden.
Franken	Westgermanischer Stammesverband (»Die Mutigen«). Der germanische Großstamm bildete sich im 3. Jahrhundert am römischen Limes heraus. Um 500 wurde das Fränkische Reich Nachfolger des Weströmischen Reiches.
Gefach	Wandabteil zwischen den Holzbalken beim Fachwerkbau. Die Ausfachung geschah hier mit Stakhölzern, Weiden, Stroh und Lehm.
Haingeraide	Waldgenossenschaft der Bauern, ähnlich einer →Allmende, siehe oben. Seit dem Mittelalter gab es 16 Haingeraiden im Elsass und in der

Pfalz, zwischen Wanzenau (bei Straßburg) und Bad Dürkheim gelegen. Zur Oberen oder Ersten Haingeraide zählten Landau, Nußdorf, Godramstein, Siebeldingen u.a., zur Mittleren oder Zweiten Haingeraide gehörten Burrweiler, Gleisweiler, Böchingen, Walsheim, Dernbach u.a. Der Legende nach verlieh der Frankenkönig Dagobert I. um 630 den Bauern die Waldrechte, tatsächlich erhielten sie diese aber erst im 13. Jahrhundert.

Haufen   Haufen oder Rotten wurden die Zusammenschlüsse aufrührerischer Bauern im Rahmen des Deutschen Bauernkriegs um 1525 genannt. Teilweise waren auch Bergleute und Handwerker an den Aufständen beteiligt. Haufen oder Heerhaufen waren schwach organisierte paramilitärische Truppen. Eine Rotte bezeichnete allgemein eine militärische Einheit.

Impressionismus   Stilrichtung der Malerei ab ca. 1870, bei der die Maler häufig im Freien malten und Lichtstimmungen und Eindrücke auf der Leinwand festhielten.

Jupitergigantensäule   Symbol eines römisch-keltischen Götterkultes bei Gutshöfen im 2.–3. Jahrhundert. Die Säule stellte eine Neuschöpfung in der Provinz Obergermanien aus römisch-keltisch-orientalischen Elementen dar. Die am Limes stationierten Soldaten brachten religiöse Vorstellungen aus

Kleinasien und Ägypten mit. Jupiters Sieg über den Giganten stand dabei für den Sieg des himmlischen Kosmos über die Mächte der Unterwelt.

Kaiserberg   Nußdorfer Gemarkung und Weinlage südlich des Ortes.

Katzbalger   Landsknechtsschwert, Kurzschwert. Die Nahkampfwaffe war im 16. Jahrhundert verbreitet.

Kokarde   Kreisförmiges Abzeichen mit politischer oder militärischer Bedeutung. Die blau-weiß-rote Kokarde war ein Zeichen der Anhänger der Französischen Revolution. Beim Hambacher Fest 1832 wurden schwarz-rot-goldene Kokarden und Schärpen getragen.

Kuhmaulschuh   Flacher, breiter Damen- und Herrenschuh des frühen 16. Jahrhunderts. Nach dem spitzen Schnabelschuh und dem Entenschnabel kam der breite Kuhmaul- oder Ochsenmaulschuh kurzzeitig in Mode. Diese Renaissance-Schuhe waren auch unter den Namen Bärenklauen oder Bärentatzen bekannt.

Lapidarium   Sammlung von Steindenkmälern, von lat. Lapis (»Stein«). Bei einem Lapidarium sind der ursprüngliche Standort und der Ausstellungsstandort der Denkmäler meist identisch, so auch bei den Nußdorfer Grabsteinen.

Maître	Bürgermeister einer Commune (Gemeinde), von lat. Maior (»Verwalter«). Der Begriff wurde auch auf den 1790 gewählten Bürgermeister in Nußdorf übertragen. Die Bezeichnung Maître blieb in den linksrheinischen, französischen Gebieten der Pfalz bis 1815 in Verwendung, obwohl die Bürgermeister ab 1797 nicht mehr gewählt, sondern von den Behörden eingesetzt wurden.
Ochsenloch	Ursprünglich eine Viehtränke. Die Ochsenweide bestand bereits 1542. Heute bezeichnet das Ochsenloch eine Nußdorfer Gemarkung und Weinlage südlich des Ortes.
Pferdekopfpumpe	Texanische Tiefpumpe zur Förderung von Erdöl. In Texas gibt es die Erdölpumpen seit 1925, nach Deutschland kamen sie in den 1940er Jahren.
Revolutionskalender	Französischer Kalender von 1792 bis 1805. Der republikanische Kalender sollte ein neues Zeitalter kennzeichnen. Das Jahr hatte 12 Monate mit je 30 Tagen (plus 5–6 Schalttage). Diese waren in drei Dekaden à 10 Tage eingeteilt. Jahresbeginn war zum Herbstäquinoktium (um den 23. September). Die Monatsnamen orientierten sich an den Jahreszeiten, die Tage wurden durchgezählt. Der Kalender war im Volk jedoch unbeliebt. Nur jeder 10. Tag, der Décadi, war arbeitsfrei. Die republikanische Zehn-Stunden-Uhr konnte sich gar nicht durchsetzen.

Sarkophag   Antiker Steinsarg (»Fleisch-Fresser«). Die Sar-
                      kophage in den römischen Provinzen waren
                      meist schlicht, ohne Reliefverzierung, aus ein-
                      heimischem Gestein gefertigt.

Schultheiß   Dorfvorsteher, der u. a. Abgaben für die Grund-
                      herren einzog (»Schuld heischen«). Oft war der
                      Schultheiß auch Richter der Niedergerichtsbar-
                      keit, zuständig bei geringen Delikten.

Seccomalerei   Wandmalerei auf trockenen Untergrund, von
                      ital. a secco (»aufs Trockene«). Der Begriff
                      Fresko bezeichnet genaugenommen nur die
                      Freskomalerei, bei der die Farben auf den feuch-
                      ten Kalkputz aufgetragen werden und sich die
                      Farbpigmente mit dem Putz verbinden. Bei der
                      Seccomalerei fehlt diese chemische Verbindung,
                      wodurch sie weniger gut haltbar ist.

Servela   Wurst aus Rind- und Schweinefleisch, seit 1848
                      in Nußdorf bekannt. Allgemein bekannt sind
                      auch die Cervelat, eine Schweizer Brühwurst, die
                      ursprünglich aus Fleisch und Hirn bestand, und
                      die deutsche Zervelatwurst, eine Rohwurst. Die
                      Nußdorfer Servela wird in 80°C heißem Wasser
                      erhitzt und ist verwandt mit der Schweizer Cer-
                      velat.

Simultaneum   Simultankirche, von mehreren Konfessionen
                      paritätisch genutzt, ab 1524 verbreitet. Genau-
                      genommen bezeichnet Simultaneum das Recht

der evangelischen und katholischen Glaubensausübung in einem Staat. Ein Sakralbau konnte somit gleichberechtigt von mehreren Konfessionen genutzt werden.

Tempel der Vernunft Entchristianisierung der Kirche, franz. Revolutionskult um 1793/94. Der Kult der Vernunft war ein Revolutionskult, der den Katholizismus ersetzen sollte. Die Aufklärung zweifelte an der allmächtigen Existenz Gottes und sah Gott als Teil oder Funktionseinheit der Naturgesetze. Die Religion sollte vom Aberglauben befreit und der Logik unterworfen werden. An jedem 10. Tag, dem Décadi, sollte das Fest der Vernunft gefeiert werden. 1794 wurde die Bewegung jedoch wieder niedergeschlagen.

Vauban Franz. Festungsbaumeister Ludwigs XIV., lebte von 1633 bis 1707. Sébastien Le Prestre de Vauban war auch General sowie Marschall von Frankreich. Vauban war an der Planung und dem Um- bzw. Ausbau zahlreicher Festungen beteiligt. Zu nennen ist der Pré carré, ein doppelter Festungsgürtel in Belgien und Nordfrankreich, der gegen die spanischen Niederlande gerichtet war. Zu Vaubans Enceinte de fer (Eiserner Gürtel) zählt auch die Festung von Neuf-Brisach bei Colmar. Vauban gilt als der bedeutendste Militärarchitekt der Barockzeit.

Viergötterstein   Basis einer provinzialrömischen →Jupitergigan-
tensäule. Der Nußdorfer Stein zeigt die Reliefs
der kapitolinischen Trias, das waren die Haupt-
götter Jupiter, Juno und Minerva, sowie des Herkules. Die Götterfiguren sind bestoßen, möglicherweise wurden ihre Gesichter auch absicht-
lich entfernt.

Villa Rustica   Landgut im Römischen Reich. Die Villa rustica
war ein landwirtschaftlicher Betrieb, der meist
aus mehreren Gebäuden bestand: dem Haupt-
haus sowie Wirtschafts- und Nebengebäuden.
Geführt wurde der Betrieb meist von einem
Militär-Veteranen, der mit dem Überschuss die
am Limes stationierten Truppen versorgte. Dieser Dominus übertrug die Aufgabe meist seinem
Verwalter, häufig einem Sklaven. Der Verwalter
beaufsichtigte die Pächter und Landarbeiter.

Woog   Stehendes Gewässer in Südwestdeutschland. Ein
Woog bezeichnet meist einen Weiher. Woog ist
ein altes Wasserwort, vgl. Woge (Welle).

Zehntscheuer   Scheune zur Aufbewahrung der Naturalsteuer
»Zehnt« im Mittelalter. Der Zehnt bezeichnete
die Abgabe des zehnten Teils, also 10%, des Er-
trags an die geistliche oder weltliche Obrigkeit.
Erwähnt wird er bereits im Alten Testament. Im
Mittelalter wurde zwischen dem Großzehnt (Ge-
treide und Großvieh) und dem Kleinzehnt (Feld-
früchte und Kleinvieh) unterschieden.

Zollstock Gemarkung, urspr. Zollschranke der kurpfäl-zisch-franz. Grenze nördlich von Nußdorf.

Zwölf Artikel Forderungen der Bauern in Memmingen 1525. Die Zwölf Artikel wurden in einer Auflage von 25.000 Stück gedruckt und verbreitet. Die Bauern forderten die Abschaffung des Kleinzehnt, der Erbschaftssteuer und der Leibeigenschaft; die Reduzierung der Frondienste; gerechte Pachtabgaben und gerechte Strafen; gewisse Jagd- und Fischereirechte; die Rückgabe der Gemeindewälder und des Gemeindelands; freie Wahl der Pfarrer.

Ausgewählte Literatur

Johannes Birnbaum,
Geschichte der Stadt Landau und der Dörfer Queichheim, Dammheim
und Nußdorf, in ihrer Berührung mit der älteren und neueren Geschichte
Deutschlands und Frankreichs, 1826.

Johann Georg Lehmann,
Urkundliche Geschichte der ehemaligen freien Reichsstadt und jetzigen
Bundesfestung Landau in der Pfalz nebst der drei Dörfer Dammheim,
Nußdorf und Queichheim, 1851.

Eduard Ludwig Antz,
Die Günthers. Sippengeschichte eines kurpfälzischen Winzergeschlechtes,
1928. (Siehe auch: Deutsches Geschlechterbuch, Band 58, Kurpfalz I, 1928.)

Gemeindeverwaltung Nußdorf (Hrsg.),
Nußdorf 960–1960. Ein Dorfbuch, 1960.

Historischer Arbeitskreis Bauernkriegshaus Nußdorf/Pfalz e. V. (Hrsg.),
1200 Jahre Nußdorf. Stationen einer Ortsgeschichte, 2002.

Rolf Übel,
Wegen vielgeübter Zauberei und Hexenwerk. Hexenverfolgung im Süden
der Pfalz und im Nord-Elsass, mit Beiträgen von Andreas Imhoff und Michael Martin, 2003.

Sonstiges:

Im Bauernkriegsmuseum liegt eine Lesemappe zur Ortsgeschichte aus.

Speziell zu Landau:

Michael Martin,
Kleine Geschichte der Stadt Landau, 2. Aufl. 2011.

Sonstiges in Landau:

Museum für Stadtgeschichte, Maximilianstraße 7, 76829 Landau.
»Route Vauban«, Festungsrundweg Landau.

Ortsplan

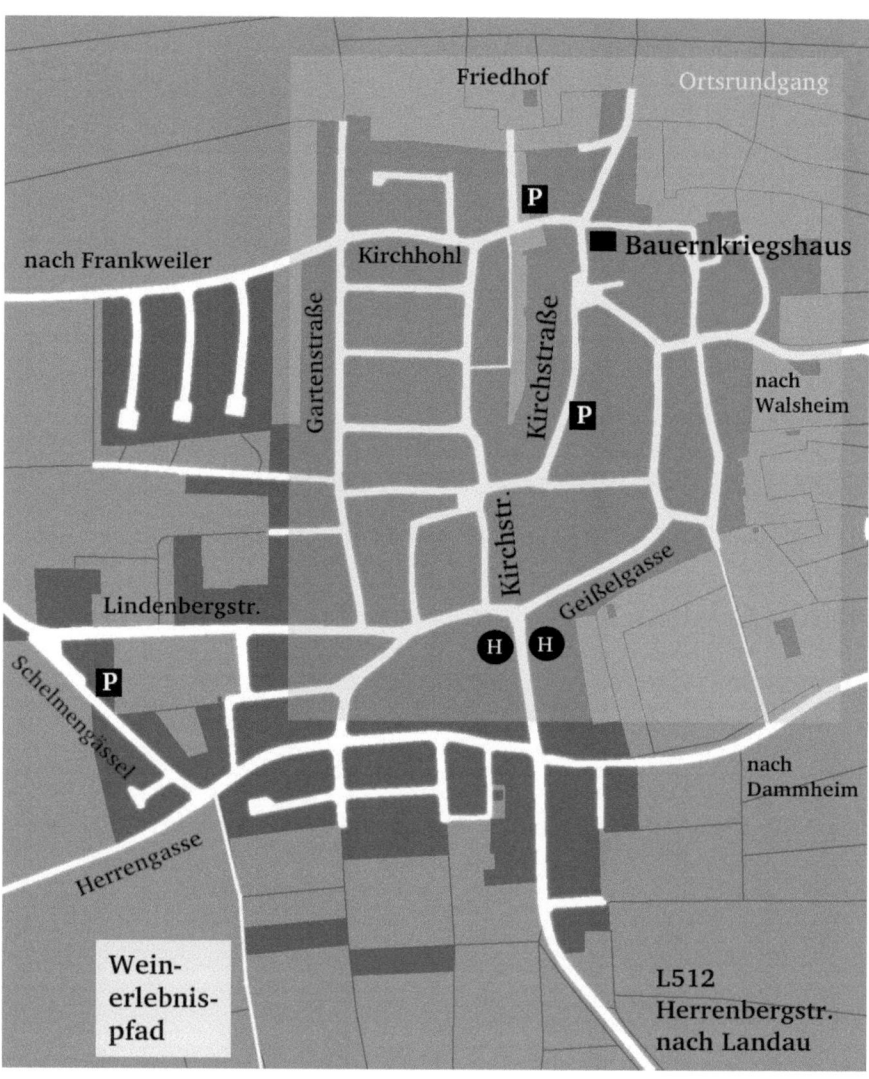

Friedhof

Ortsrundgang

nach Frankweiler

Kirchhohl

P

■ Bauernkriegshaus

Gartenstraße

Kirchstraße

P

nach Walsheim

Kirchstr.

P

Lindenbergstr.

Geißelgasse

H H

Schelmengässel

P

nach Dammheim

Herrengasse

Wein-erlebnis-pfad

L512 Herrenbergstr. nach Landau

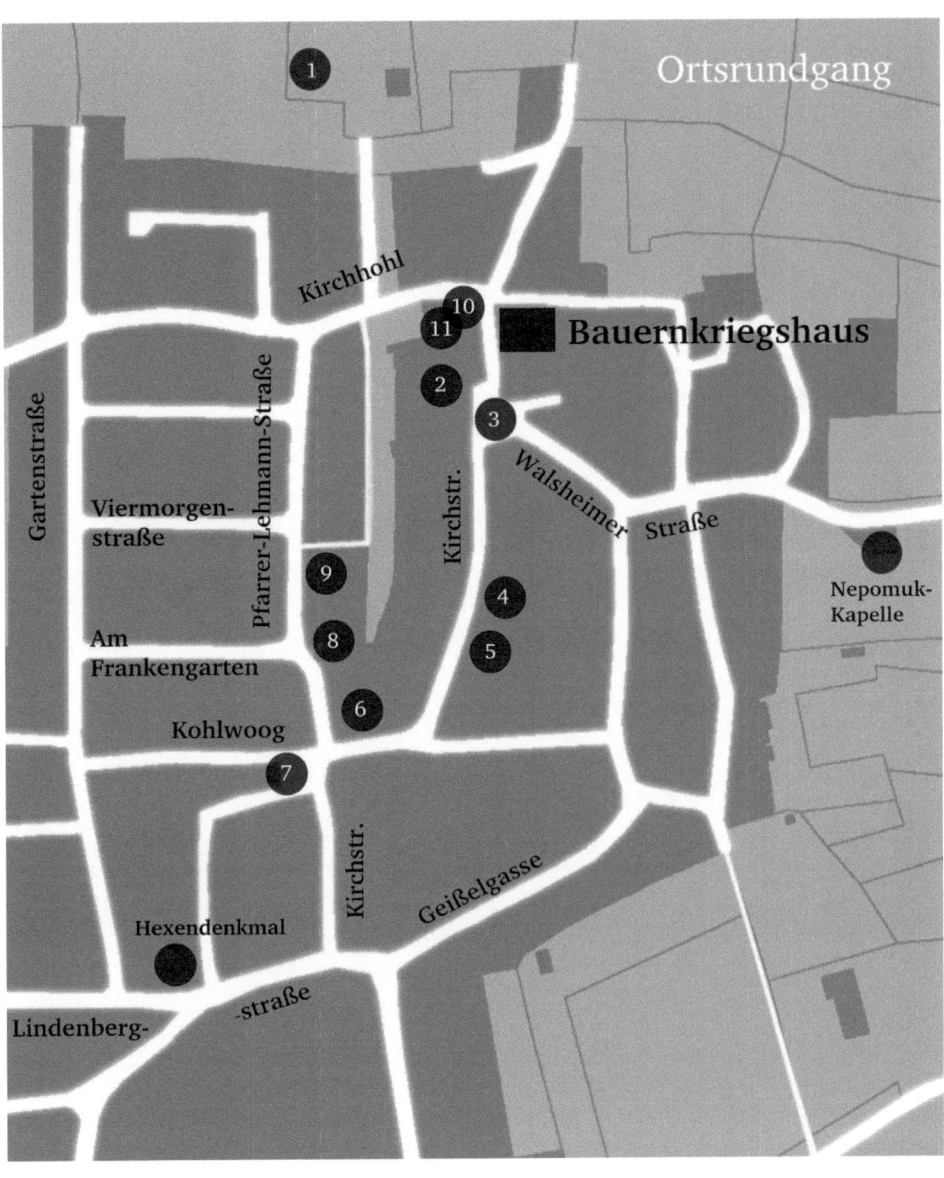